中国人民政治协商会议闽侯县委员会 编

陈常飞 ◎ 著

闽侯村落

MINHOU CUNLUO XINQJI

寻记

海峡出版发行集团
福建美术出版社

图书在版编目（CIP）数据

闽侯村落行记 / 陈常飞著；中国人民政治协商会议闽侯县委员会编 . -- 福州：福建美术出版社, 2025.4.
ISBN 978-7-5393-4706-6

Ⅰ . K295.75

中国国家版本馆 CIP 数据核字第 2025WP1153 号

闽侯村落行记

陈常飞 著　中国人民政治协商会议闽侯县委员会 编

出 版 人	黄伟岸
责任编辑	郭 艳

出版发行	福建美术出版社
地　　址	福州市东水路 76 号 16 层
邮　　编	350001
网　　址	http://www.fjmscbs.cn
服务热线	0591-87526091（发行部） 87533718（总编办）
经　　销	福建新华发行（集团）有限责任公司
印　　刷	福州力人彩印有限公司
开　　本	720 毫米 ×1020 毫米　1/16
印　　张	14.5
版　　次	2025 年 4 月第 1 版
印　　次	2025 年 4 月第 1 次印刷
书　　号	ISBN 978-7-5393-4706-6
定　　价	130.00 元

若有印装问题，请联系我社发行部

版权所有·翻印必究

公众号　　艺品汇　　天猫店　　拼多多

《闽侯村落行记》编委会

顾　问　吴永忠　施家雄

主　任　陈祥波

副主任　林　炳　黄　敏　陈韶松　林岩峰　吴宏波

编　委　林　钦　李华存　江秋容　欧世秋　何家科
　　　　林　煌　陈祥炜

主　编　林　炳

副主编　李华存

编　务　李志宏　江　榕　蔡丽菁

序

　　村落承载着诗意与乡愁，而在城市发展过程中许多乡村正逐渐消逝。福州大部分村落并未及时着手村志、村史等地情书编修，如不及时保存资料，随时间推移很多历史资料将会失传。闽侯县村落蕴藏丰厚的历史文化及潜在旅游资源，以文化角度观察乡村，挖掘幽隐历史，对于闽侯文史、文旅事业甚有助益。宣传村落文化，可助推中华优秀传统文化传播及乡村振兴工作；钩沉村落历史，挖掘其文化内涵，也是进一步做好村落保护的有力措施。

　　闽侯村落具有数量多、历史久、文化深等特点，作者深入实地调研，利用文献阐述村落文化，具有一定的学术价值。本书采用散文的叙述模式，将调查与研究形成可读性较强的文本，做到雅俗共赏。这种记录和研究村落的模式值得推广，希望将来有更多人能够珍视身边的文化遗产，或投入到这项事业中来。本书的出版，相信有利于有关部门进一步把握村落文化，以便对村落做出适宜规划；也可让更多人了解闽侯村落，促进乡风文明建设。也希望有关部门善于借助相关成果，以更好地活化乡村资源，继续打造村落文化品牌，进一步推动乡村文化建设，打造旅游新亮点。

　　2024年1月1日，《中共中央国务院关于学习运用"千村示范、万村整治"工程经验，有力有效推进乡村全面振兴的意见》中写道："鼓励各地因地制宜大力发展特色产业，支持打造乡土特色品牌。实施乡村文旅深度融合工程，推进乡村旅游集聚区（村）建设，培育生态旅游、森林康养、休闲露营等新业态，推进乡村民宿规范发展、提升品质。"并指出：

闽侯村落行记

"加强乡村优秀传统文化保护传承和创新发展。强化农业文化遗产、农村非物质文化遗产挖掘整理和保护利用，实施乡村文物保护工程。"闽侯县政协也将以此为指导思想，继续服务中心大局，用实绩彰显政协优势，为加快推进闽侯县各项事业发展作出更大贡献。

陈祥波

闽侯县政协党组书记、主席

前　言

　　史上不乏游历之作及记录乡邦掌故书籍，如《徐霞客游记》、王士性《五岳游草》、陈第《东番记》、田汝成《西湖游览志》、刘侗与于奕正《帝京景物略》、张岱《西湖梦寻》等。前人潜心文化与文史研究，所至之处多描摹湖山胜概，探索社情人事；或精于自然地理，或专于人文，皆有可观；不论长篇短制，多文采斐然。我亦喜读此类著述，也常将行走见闻与感受诉诸笔端，不嫌文笔拙劣。

　　本书从确定选题至写作完成，历时一年。笔者常至各处考察历史文化，喜写古诗与游记，但集中关注一个县的村落却是首次。每个村落的历史与文化皆值记述，自揣本书之文既非理论研讨，也非普查记录，亦不属纯粹游记，而行文中又发噫语以抒己见，故索性将书名为"行记"。闽侯县相关部门此前出版或印行过不少文史书籍，包括村志、村史话等地情书；另有"遇见闽侯"等网络平台报道村落概况。本书未沿用汇编或转述模式，而选择散文体裁。诗以凝炼、空灵为要，散文以生动、境界见长。只因学识浅陋，文笔欠佳，但念桑梓情怀，故勉以为文。

　　村落文化存在共性，但亦有各自资源禀赋与特色。闽侯县许多村落依山傍水，风光使人心旷神怡。县内村落均值得游走与研究，绝不止于本书所列。本书主要依据"重要性"和"独特性"来选择村落进行写作，但又考虑到许多"名不见经传"的地方尤值记述，故也酌情收录。村落研究已成专门学问，且事涉博杂，至少包括故事传说、碑刻匾额、古厝民居、寺院宫观、祠堂及诸多历史遗留，还有空间布局、生活方式、生产活动、民间技艺、节庆习俗、宗法祀制、文化教育、民间信俗、生态资源等方面，乃至村落分布特点、形成与存留原因、选址风水观、村落与地区经济发展关系等。故有人将村落喻为"历史博物馆",更直言理解乡土,才能了解中国。很多历史人类学学者也在这"历史现场"里收获甚多。

乡土文化是中华文化重要组成部分,承载着村落传统与记忆,有着独特的文化意蕴。传播村落文化可增进人们热爱乡土的情感。近年村落旅游兴起,进一步深化村落历史研究,揭示其丰厚内涵,势必有助推动文旅经济发展。更重要的在于,当我们把文化拾起,相信家园会更增几分诗意。

陈常飞

2025年2月

目 录

001

甘蔗街道
昙石山遗址观后 003

009

荆溪镇
徐家村寻古 011

仁洲村絮语 018

桐口村撷影 026

031

祥谦镇
枕峰山下话古村 033

兰圃村漫谈 041

051

尚干镇
庵塔下的影迹 053

闽侯村落行记

▼ 057

青口镇
前洋村中的穆岭古道 059

▼ 065

南通镇
新岐村往事 067

洲尾村的过去 075

古城村一页 081

▼ 087

南屿镇
双龙村清韵 089

过水西林 095

诗意在尧沙 103

▼ 109

上街镇
漫说蔗洲村 111

厚美村记忆 118

侯官村今昔 123

沙堤村余话 131

溪源宫村探幽 137

·目　录

143

竹岐乡
从半岭村经过 145
也读元格村 151

157

鸿尾乡
超墘村小记 159

165

小箬乡
大坂村行 167
尚锦村随笔 173

179

洋里乡
梧溪村随笔 181
后坑村笔记 185

闽侯村落行记

▼
189

廷坪乡

塘里村随笔 191

▼
195

大湖乡

雪峰山城访古寺 197

岭头村笔记 202

▼
205

白沙镇

大目埕拾遗 207

马坑村随思 212

▼
217

主要参考书目

▼
220

后　记

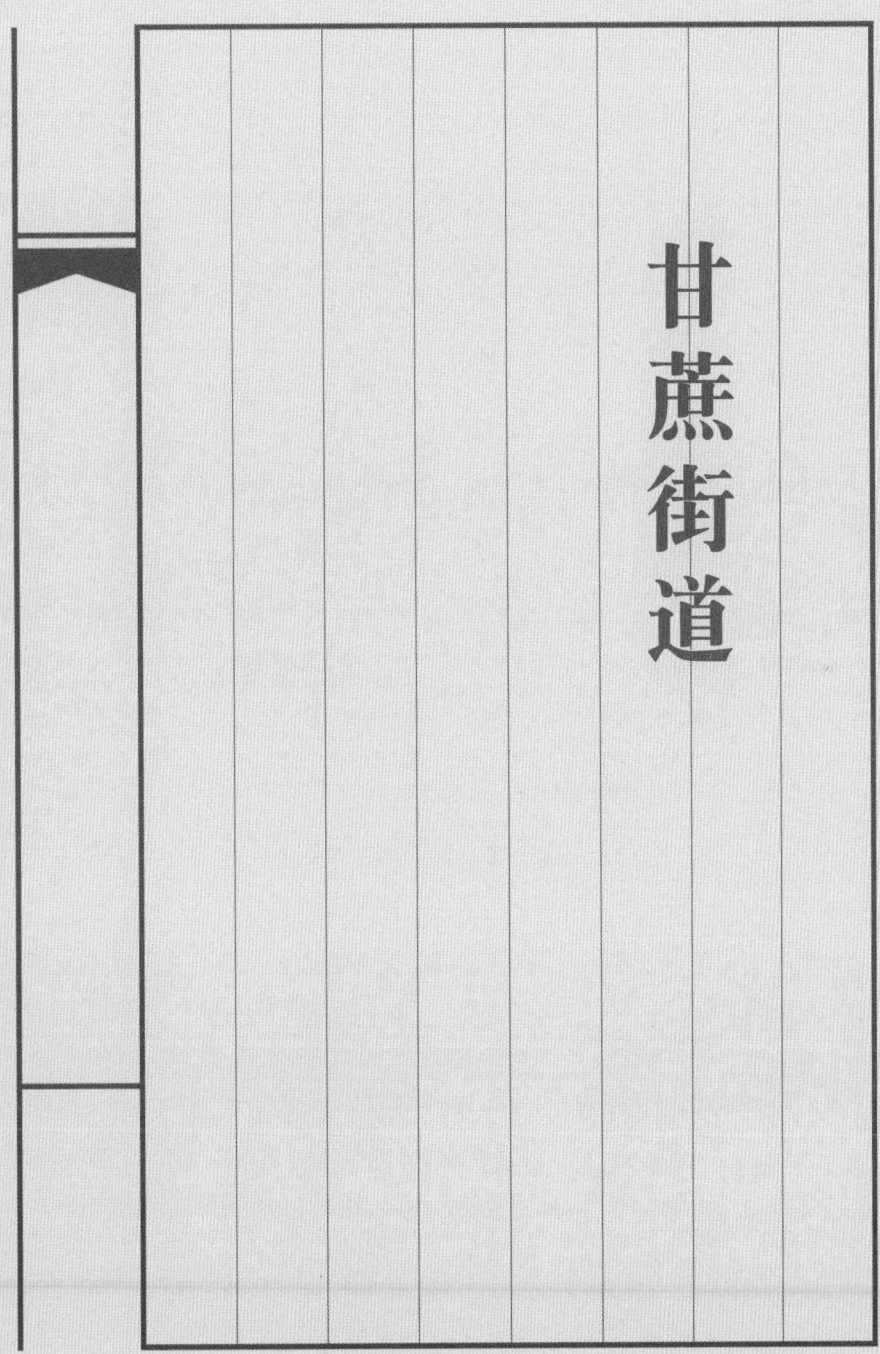

甘蔗街道

一段激溯家笙曲

昙石山遗址观后

我们大约听惯了人们谈论夏朝以后的历史，尤其对唐宋元明清等朝代故事多有耳闻，但对新石器时代则较陌生。所谓考古学文化，往往显得过于专业，且所能阅读到的文献也少。幸好有博物馆一类展馆，因为那些展陈，使读懂这段文明成为可能。昙石山博物馆就是这么一处地方。

昙石山遗址考古发现，揭开了福建5000年前闽中先民活动面纱。先民所生活的孤岛上，周边多是原始森林，考古学者们曾想象、推测过当时的活动。① 我们借助釜、壶、罐、豆、簋、盘、碗、钵等器物，也很容易

双彩虹下的昙石村（林龙锦　摄）

---

① 福州市地方志编纂委员会：《昙石山文化志》，附录，第七节初步的推论，四，当时人类的生活文化，福州：海潮摄影出版社，2007年3月，第119页。

联想到一些画面。那段"靠山吃山,靠水吃水"的极简生活片段,在文化史的进程上却是关键。有专家认为:"昙石山文化贝丘遗存的内涵体现了这一原始先民因地制宜,开发附近水生资源,从而培育出独具特色的地域性原始文化的进程。"[1]这处典型的海洋文化贝丘遗址,也证实了我们所熟悉的那句关于福建早期的记录文字——《山海经》云:"闽在海中。"祭祀与神灵崇拜是村落文化的共性,从昙石山遗址中也透出"苗头"。四五千年前,先民就在这里进行某些信仰仪式,出土于昙石山遗址"125号墓"主人头部的那盏"灯"甚是精美,留给我们无尽猜想。有研究认为,先民在当时社会生产力极低情况下,仍毫不吝啬地将生活品埋入墓中,这也说明其脑海中"灵魂"观念的强烈。此灯造型奇特,下半部为壶形,上半部为圆锥形,柄与壶交接处有一椭圆形孔。后来,它被人誉为"中华第一灯"。还有"崇蛇"习俗,可能在那时候也已经萌芽,先民生活器具上的一些装饰纹路即可为此提供一种佐证。

昙石山文化与后来福建地区发展有直接关联,其产生的社会影响是不言而喻的。正像一位专家所说:"虽然今天的福建人是经过历朝历代南北民族大融合后形成的,但应该来说,无论是来自北方不同时期、不同区域的汉人,还是来自海洋上的其他族群,他们一定会去学习和继承昙石山人的生活习惯,

福建文明从这里开始(林岳铿 摄)

---

[1] 钟礼强:《昙石山文化研究》,第四章,第三节 昙石山文化的经济生活,长沙:岳麓书社,2005年7月,第132页。

因为昙石山人这种原住民的生活方式是最符合、也是最适应当地自然和人文条件的。所以，无论如何，对于今天的福建人来说，他们的身体里总有那么部分符号是来自先秦'闽族'，来自昙石山人。"①中华主流文化中的儒家文化直接肇始于"周孔"所制立的文化传统，但国人奋勇向前的精神则古今"一脉相承"。就像我们的先民在原始社会时期克服险阻，并以勤劳勇毅之品质营造自己的家园。从历史关联角度而言，昙石山先民或更早的群体，他们所始创的农耕文明，决定了中华文化特征。站在昙石山博物馆前，我想到这些。

昙石山，福建文明从这里开始。

昙石山，这里也"孕育着早期城市功能的萌芽"。②

个人认为，昙石山也是闽侯村落的起始。昙石山先民已经过上比旧石器时代更为安定的生活，呈现出早期"村落定居"模式。他们为生活而制作陶器，还有饲养家猪等事，证明他们的生活地点已趋于"固定"。有研究指出："闽侯昙石山、白沙溪头村、福清东张等几处遗址，发现许多猪的骨骼，仅昙石山遗址的第6次发掘就发现猪骨共11只个体，其中9头属于幼年，年龄在1岁至2岁之间，经中国科学院古脊椎动物与古人类研究所专家鉴定，均属饲养的家猪。"③

一部昙石村史，也是福建先民活动史。这个发现，不单是闽侯县的事情，也是全省乃至全国的大事，这一振奋人心的事件始于1954年1月。2001年，昙石山文化遗址被国务院公布为全国重点文物保护单位；2008

---

① 董平：《中国史前遗址博物馆海风山骨昙石山卷》，第二章，相识昙石山，西安：陕西科学技术出版社，2018年9月，第90页。

② 郑国珍：《闽江下游原始居民点的形式及福州早期城市的产生》，转引自黄荣春《闽都考古录》第一章石器时代，第二节新石器时代遗址，闽侯昙石山遗址。福州：福建人民出版社，2024年6月，第12页。

③ 徐晓望：《福建通史》，第一卷，远古至六朝，第一章 石器时代的福建，第三节新石器时代后期，福州：福建人民出版社，2006年3月，第34页。

闽侯村落行记

福建海洋文化从这里开始（林岳铿 摄）

年，昙石山文化遗址博物馆新馆落成并对外开放；2021年10月，它入选"百年百大考古发现"。至此，昙石村也从名不经传变成天下皆知。

闽侯县有"八闽首邑"称誉，闽侯两字极具象征意义。福建省文史研究馆原馆长卢美松曾说："'闽'代表福建历史上最初存在的方国、民族及其文化传统；'侯'实是'候官'简称和异写，是由汉王朝最初在福建设置的军事管治机构转变的政区建制。这在全国亦属罕有，闽侯在福建历史上的独特地位可见一斑。"[①] 而昙石村的历史与地位，也注定它在闽侯村落群中与众不同。昙石村一带还有几处值得观光的景点，如闽侯县博物馆、闽都民俗园、闽侯楹联公园等都是游客来闽侯的打卡地。闽都民俗园中展现了福州婚丧嫁娶、节庆贺寿、品茗听戏等生活俗事，再现地方民俗风情；昙石山历史文化街区，亦名"喜街"，此处古建筑展现了闽侯古民居风貌。在今天，昙石村给人的第一感觉是"日新月异"。在乡村发展道路上，它很好地做出示范作用，谱写了生动的新农村画卷。近年来，昙石村先后获得"全国文明村镇""全国民主法治示范村""全省先进基层党组织""省级文明村""省级文化文物示范村镇""省民主法治示范村""省敬老模范村"等称号，其建设主要做法包括：着眼规划建新村，立足生产求发展，关注民生解民忧，

---

① 曾江：《闽侯文物·序》，载：卢美松著《闽中稽古》厦门：厦门大学出版社，2002年8月，第519页。

·甘蔗街道

闽侯喜街开街（林岳铿 摄）

昙石山遗址厅（林岳铿 摄）

闽侯县昙石山历史文化街区晨曲（林岳铿 摄）

关心教育作奉献，强化综治促稳定等方面。

　　本文实际上是笔者写这本书最后完成的篇章。有学者指出："中国传统村落是中华民族先民由采集与渔猎的游弋生存生活方式进化到农耕文明定居生存生活方式的重要标志，是各民族在历史演变中由'聚族而居'这一基本族群聚居模式发展起来的相对稳定的社会单元，是中国农村广阔地域和历史渐变中一种实际存在的历史最为悠久的时空坐落。"① 这也是笔者将此文冠于本书首篇的原因之一。

---

① 胡彬彬：《中国村落史》第一章概论，北京：中信出版集团，2021年9月，第7页。

荆溪镇

平橋泠夜雷翻

·荆溪镇

徐家村寻古

　　荆溪镇徐家村位于洪甘路以南,其古村落风貌是该镇传统建筑最丰富、最集中的区域。古时,江屿山荆花开遍,遂得名荆山。后因全村人皆姓徐,故命名为徐厝墩、徐家墩、徐家村。人们驱车而来,在村中悠闲行走,感受一段静谧时光,欣赏几处古宅的盛世美颜,也学习一章荆山徐氏家史。

　　徐家村古村落风貌区的古宅建筑从明清至民国皆有,因而又有着"闽侯传统建筑博物馆"之称,这不是过誉之辞。据介绍,村内有市县级文物保护单位3处,挂牌保护的古厝97座。如今,古厝是古典建造技术的呈现,也带给人一场艺术盛宴,如灰塑、封火墙、房顶,乃至老木门、格子窗

徐家村古村落风貌区

等建筑构件都有它们自身的美。当我们静心欣赏它们时,是一种享受。古厝,是历史赐予当代人的一种"财富"。

如十三厝当代艺术馆,位于徐家村172—174号,始建于清末,改造提升后成为艺术家活动平台。又如"三落排"是村里体量最大的古厝,属合院式民居,由三座并排、布局相仿的大厝组成,占地面积近3800平方米,建筑面积4900多平方米。在人民公社"大锅饭"时期,"三落排"曾作为村公共食堂,于是又被称作"红旗食堂"。

关于徐家村古厝,有两个故事值得一说。

一则是陈宝琛与徐氏二十四世孙徐高松为同窗,二人曾就读于福州鳌峰书院。高松精于《易经》学说,陈宝琛经常与他探讨,于是二人交情日深。时逢高松六十寿宴,陈宝琛邀请上街侯官人、时任奉天巡按使的张元奇一同前来贺寿,并于寿画上题词,以示敬重。

徐家村古厝

另一则故事是关于萨镇冰的。萨镇冰在任福建省长期间,常至徐家村微服察访,并结交徐家村高镛、高谋、学演等人。1927年3月30日,在萨镇冰69岁生日时,陈培锟等在福州设宴庆贺,可他婉言谢绝,却应徐荫东的邀请,去徐家村庆生。在高镛厝,村民们准备了20桌午宴,萨镇冰十分开心,宴席上欢声笑语不断,敬酒祝福不息。餐后,在众好友陪同下,又兴致勃勃地在村边悠闲散步,

·荆溪镇

徐家村古厝

眼前景色使他流连忘返。转眼夕阳西下,这下急坏了厨师和众乡亲,幸好厨师灵机一动,把中午剩下的各盘菜按干湿分两类,湿的加些瓜果、海鲜干品等食材放一起煮,俗称"杂虹";干的加上蔬果、腐竹、粉丝等食材炒成一大碗杂烩。萨镇冰吃后赞不绝口,称这道菜为"炒八珍"。这道菜也象征着福祥、喜庆、和美、团圆。

诚然,每一栋古厝都有它的历史,也有着属于它的完整生命,这些都值得阅读与品味。徐家村古厝的内涵,蕴含着诗礼传家、立身忠孝、勤劳勇毅等品质,如今古厝已不再居住曾经的那一家人,但家族的精神依然传承。

村中有一座古厝被开辟为"徐家村乡土博物馆",我觉得这是当今古村落建设之关键。游客通过馆中展板介绍,可直观了解当地文物古迹。馆内分8个篇章、49个版面,共有2000多件展品,其中大部分都是当地村民无私提供。这些展品介绍徐家村耕读文化、儒商文化、宗祠文化、华侨文化和饮食文化,展现徐家村儿女爱国情怀,是游客了解徐氏文化的重要窗口。走在馆中,看着这些陈年老物件,极易勾起一缕乡愁。

我想凡是在村子里生活过的人,每家每户都珍藏有若干祖辈留下的老物件,或许它们并不稀奇,但当它们集中到一起时,就能直观地展现出不同年代的印迹,后来者就可从中感受到前人生活气息。老物件可能到处都有，但在一个村内能集中展现却不多见。再进一步而言，一部村史的写就，也得益于村民的共同参与，当他们把潜藏的记忆公之于众时，这些片段就会形成一段可读的历史。所以，建设乡村文化，村民集体参与显得格外重要。

除了古厝，村中名胜古迹还有很多，比如宝胜寺、徐氏宗祠、圣王庙、节孝坊、徐家村坝、亭长桥等，但可惜多已湮没于历史尘埃中。在这里尤值得说的是荆山精舍。

徐氏藏书故事流传广远，早已载入中国藏书史长河中，但这段历史鲜为人知。

在福州鳌峰坊藏书楼有5处，共10多楹。按建造先后顺序为：红雨楼、绿玉斋、汗竹巢、宛羽楼、偃曝轩。叶昌炽《藏书纪事诗》（卷三）赞汗竹巢云："武夷神君不可见，幔亭仙乐奏云匏。欲寻三岛人间世，无恙鳌峰汗竹巢。"徐兴公（1570—1642）熟悉地方文献，充分利用藏书著述，先后三次参加《福州府志》编修工作，还修纂《鼓山续志》《榕城三山志》《雪峰寺志》《武夷志》等，还有《笔精》《鳌峰诗集》《荔枝谱》《闽中海错疏》《闽画记》等几十种书籍。①

徐家村古厝内景

荆山精舍坐落于徐家村"荆山境"东墙外侧，系徐㭿建于明嘉靖年间（1522—1566）。精舍有藏书，

---

① 卢美松：《福州鳌峰史话》，福州：福建美术出版社，2019年6月版，第112—119页。

徐氏子弟曾就读此处，后来演变成文人雅集场所，清初倾圮。

徐家藏书事迹可以从徐棉说起。徐棉（1513—1591），字子瞻，号少坡，又号相坡居士。明朝嘉靖乙丑岁（1565）贡生，授江西南安府训导，官终永宁县令。生前喜交游，好积书，病重时家事绝不挂齿，所谆谆者，唯花木、竹石、图书而已，可见其雅嗜。著有《周易通解》（8卷）、《徐令集》等。

嘉庆年间（1796—1820），有徐氏后裔徐芝田题咏荆山精舍，这首诗是今人研究这段历史的珍贵史料。徐芝田，名进玉，字世瑜，号耕石，

荆溪荆山境

闽侯村落行记

徐家村乡土博物馆

徐家村古村落风貌区

生于乾隆丙午年五月，嘉庆庚午科举人，曾任漳州府海澄县儒学教谕等职。他是徐家村儒家思想、孝道传统文化的典型代表。其笔下《雨过荆山精舍》诗云：

> 斋堂依庙枕山阿，父子弟兄此切磋。
> 荒径颓垣淹岁月，鸣蛩啼鸟袭诗歌。
> 虽贫求乞倾囊惯，比富王侯插架多。
> 荆屿鳌峰俱已矣，风流人远雨翻河。

除了藏书，荆山徐氏还有许多可待挖掘和阐述的事迹。

徐家村肇建于宋，村中最早居民有苏姓、李姓等。北宋末，徐天一徙居兹土，肇基立村，徐氏族人奉其为开村始祖。后徐氏家族人才辈出，古时出过 3 位进士、13 位举人、36 位秀才，而这一脉徐氏人物，当以藏书家徐𤊹、徐兴公最著名。我周末喜欢到处看古迹，无论是古书院、村落还是博物馆，或是某处遗存，这些总让我乐此不疲。几年前的一天，卢美松馆长问我："我上周去了徐家村，你那边去过没有？"此后，我才知道原来徐家村就是那位明代大藏书家的祖居地。

闽侯村落行记

仁洲村絮语

仁洲村位于荆溪镇关源里西北部,这里有近千亩原始生态林,还有一个旅游景区"三叠井公园"。近年村落在不断建设中,正以新的面貌迎接世人。

村里的黄土老厝多已颓垣败壁,老房子院埕中杂草丛生,透出无尽

仁洲村口

仁洲村景

仁洲山色

·荆溪镇

村中土坯房和木房

/ 019 /

沧桑。行走其间，恍若隔世。

这里没有飞檐翘角与斗拱彩绘，留给人一种朴野的生活气息。曾经，仁洲人在这里嬉笑怒骂，如今这片房屋已空荡破败。当日我看着这片景象，写下小诗《仁洲村中》：

荷锄归晚种瓜人，平素养怡山作邻。

岁月无常只相似，回头已是百年身。

感伤之余，我们应该感到庆幸，因为现在农村消失得太快，有幸存留下的小村庄，会成为许多人的情感归宿。我觉得在这样的村中生活是幸福的，正如进村口宣传牌上写的那样："慢享仁洲时光"。

有座玄帝庙扼守村口，门有一联云：

玄功元有应；

帝德本无私。

玄帝亭大约始建于清代乾隆年间，1946年重建一次，后被毁，1992年又进行重建。当时因信众颇多，所以"众议扩建"，并塑神像，形成了

玄帝庙

东安境　　　　　　　　　东安境内景

现在的规模。今亭内神龛三殿，正殿祭祀玄天上帝，左殿祭祀监雷法王，右殿祭祀卢公菩萨。殿里，有很多联句，它们告示来者神灵职事，也寄托村人愿景。如有一联写道：

> 玄法无边群魔敛迹；
>
> 帝灵有应大众延龄。

村里的"东安境"庙宇面积虽不大，但却颇有特色。庙里墙壁上的清代壁画描绘陈靖姑、陈六君故事，颇受福州文史界关注。

2010年，有记者以《闽侯深山发现两幅清代壁画》为题对此事进行报道[①]。时任闽侯县博物馆馆长曾江认为，两幅壁画已经超越闽侯南屿水西林古街壁画，为闽侯目前发现的最大的清代壁画。据他介绍，陈六君属"猎神"，是山区特有信仰。与之相关的还有一个传说故事：相传陈六君老母不幸身遭虎害，为除虎患，六君兄弟从闽北建瓯深山追踪老虎至闽侯马岚山，并解决了这只"大虫"，但陈六君也重伤而亡。后来民间垒石为庙，纪念这位打虎英雄。

庙中有一副嵌字联云：

> 东土升平欣盛世；
>
> 安居乐业赖神祇。

---

① 详见福州新闻网2010年12月23日。

东安境壁画

东安境灰塑

在文字上，村人不会辨析"祇"与"祇"的运用，但他们将神灵看作一种无形的保护力量，并不断延续这种信俗与民间活动，这正是村人世代传承的重要内容。

民间信仰是农村的特色之一，村落的民间信仰起源很早，而民间所信奉的神灵与官方所崇拜的神有区别，所以有些民间神灵的祭祀会被官方列为"淫祀"。但必须指出的是，民间信俗几乎都是因着普通百姓的生活、生产需要而产生，他们信奉神明的目的也基本是祈福禳灾。有研究认为：

"中国传统村落信仰有着自我一体、独具一格的内容与特色。"① 各种祠庙、宫观、寺庙成为村落基本构成要素，这些地方是村民重要的精神归宿与精神寄托。所以"村各有庙"几乎是中国古村落的共性。在历史长河中，村落中的许多事物会变化消亡，但宫观庙宇却一直保存延续下来，就算因年久倾圮，后人也会集资重建。玄帝亭、东安境庙也属此类。

村中还有汉闽越王庙，这是福州地区相对比较普遍的民间信俗。庙里祭祀闽越王无诸。无诸开辟闽疆，创建冶城（福州），建立闽越国，在福建地区被尊为"人祖"。

这座庙现为闽侯县不可移动文物登记点，是闽侯县民间信仰的重要遗构。它始建于宋天禧年间（1017—1021），现存为清代建筑。庙宇属四合院式宫庙建筑，大门内为四柱戏台，戏台前为天井，两旁为戏楼。置身其间，很容易让人"穿越"到旧时那焚香祷告、演戏敬神的场景。

汉闽越王庙外景

仁洲村还是革命老区村，村里的池治光的祖厝是中共西区工委所在地。池治光（1917—1976），仁洲村人，1946年9月5日入党，曾任中共林森县委（工委）委员、宣传部长，

汉闽越王庙内景

---

① 马新：《中国古代村落文化研究》，北京：商务印书馆，2021年11月版，第93页。

闽侯村落行记

西区工委书记、西区游击队大队长，仁洲村第一任党支部书记，关源地区抗丁会总会长，闽侯县荆溪公社（乡）副社长、副主任。福州解放前期，池治光与王亦潘、陈惠民、姜贞财、杨新新、邱孟光、徐传税等人自发组织抗敌护村队，点燃革命火种；后又参加七次反"围剿"、斩断敌军运输线等革命活动，圆满完成支前工作，为解放福州作出贡献。

站在历史故地，看着馆中的展板介绍，会联想到很多画面。当年的三叠井所在地，想必那些参加过革命活动的先辈们都走过，但今天在公园漫步的游客，不知几人会说起那段往事。

三叠井森林公园位于村的西北部，园中有许多蕨类植物，还有随处可见的青苔。沿途水声冲击石头，清响悦耳；公园中有不少景观，如许愿池、鳄鱼潭、天书岩、天字潭、石门三学士、雷霆岩、狮子岩、象鼻瀑布、仙女瀑布、清音瀑布……对于喜好爬山的人而言，这里是个不错的去处。景区环境自不待言，从大视角而论，沿途崖壑幽深，林木葱郁，有浓郁的原始风貌；从细部静观，我想就算是鳄鱼潭中水及岩边芭蕉叶，甚至是那一簇蒲草，也多有可观处。

中共五县中心县委西区工委旧址

·荆溪镇

仙女瀑布

闽侯村落行记

桐口村撷影

古寺早湮没，平桥冷夜霜。
新林连远道，依旧话寻常。

桐口山明墓石马

参观完桐口村，我写下了这首小诗。

桐口村中路边，有两头石马，其中一头已经残缺。这里是文物碑上记载的县级保护单位——桐口山明墓。一位村民告诉我，这座墓几年前遭遇盗掘，后来这伙盗墓者被村民抓住。于是村民让他们从山上用吊车把两头石马运至此地，因为这里民居凑集，所以就不会被盗。

村中的灵光桥历史悠久，始建于宋代。此桥在闽侯县小有名气，这里曾是福州西驿道必经之地，迎来送往无数人。如今，桥的交通功能早已淡出历史，只留给桐口村一段幽意。《名胜志》记载："江之上稍折而东，为灵光山，有桥曰灵光桥，即桐口桥也，桐江之水出焉。"桥旧时为"上游四郡必由孔道，远近乡村出入者相踵接"之地。这段记载交代了此桥在过去交通中的重要作用。灵光桥横跨桐江，东西走向，为石构平梁桥。三墩四孔，桥台与桥墩均用条石砌造，墩呈舟形，桥面由4根大石梁平铺而成。全长约30米，宽2.3米。桥中石梁南侧面阴刻有"灵光桥"3字楷书，桥两旁原置有石栏，今已圮。1989年，灵光桥被列为第一批闽侯

灵光桥

县级文物保护单位。宋代的古桥岁久倾圮,明万历六年(1578)曾重建一次,后又圮。《闽都记》载:"水急善崩,屡砌屡圮,行者苦之。国朝万历六年重建,为亭其上。"明天启年间(1621—1627),著名文学家曹学佺曾复建此桥,并自为记。至道光壬寅年(1842),邑人王宗树又捐募重修灵光桥,桥成,命其子景贤为文记事。

今天,桐口村已发生很大改变,但这一处石桥似乎"与世隔绝"——桥下之水缓缓流淌,视线掠过古桥看村庄,一切显得特别静谧。

除了这座桥,桐口村里还曾有灵光寺、观音阁、桐口古墓群等,这些也是追寻村落历史的重要线索。

灵光寺是闽侯县创建较早的古寺之一,初创于唐,五代神晏禅师亦

闽侯村落行记

桐口村牌坊

有经营。至宋徽宗时期,名臣李纲曾募资重修,一度为李公香院。清乾隆年间颓废,后来没有重建,和村里其他遗迹一起被历史风烟吹散。据相关考证,桐口村原来有芋原街(镇),是清前期集市;清后期升置为镇。①

这里原来是福州交通要道,是"福延路"的一段。福延路宋代称为"西路",该路自福州城的迎恩馆、西门铺等驿馆铺舍出,历史上沿线曾经设有土塸铺、葛崎驿、葛崎铺、陈湖铺、丰田铺、大濑驿、大濑铺、汤背铺、小箬驿、小箬铺、嵩滩铺、常濑铺、嵩溪驿、朱坑铺、芋洋铺、使华亭、营顶铺至南剑界首,过建州,到达闽北浦城驿道。②而葛崎驿原

---

① 张在普、林浩:《福建古市镇——闽台古乡间商品市场》,福州:福建省地图出版社,2008年8月版,第3页。
② 福州市政协文化和文史委员会:《福州古驿道史话》,福州,海峡文艺出版社,2023年版,第80页。

设村中，后改他处。古时，村附近有土堰铺，《三山志》载："土堰铺，西取葛崎铺十八里。崇宁五年罢，大观元年复置。元丰中，添定马递三人，步递四人，急递二人。大观元年，添急递二人，递马一匹。政和元年，减急递一人，留递马并元额共二匹。以监司巡历，将官巡教，不可阙也。今额管十四人，供申一，节级一，铺兵十二。"①驿与铺是驿道上的重要设置，"驿""铺"等的设置带动了周边聚落的繁荣，也因这些机构的迁移而变化，二者之间有着联动之作用。地方的兴衰有着错综复杂的原因，但交通因素是变化的关键要素之一，这一点至今如此。

最初的怀安县治设在桐口村，那些曾在此发生的历史事件、曾过往的历史名人，都留下了一些历史辙迹。俗话说"千年田换八百主"，历史的演变总是令人捉摸不透，李纲和曹学佺应该也不会想到，曾经的交通要道，如今寂寞得少人问津。

桐口村一景

① 《三山志·卷第五·地理类五》。

从桐口村回来后，我翻看了一部由闽侯县委宣传部编、闽侯教育局印制的书。这部书以"山""水""江""城"为主线，描绘了闽侯的历史与风光。书中涉及侯官村、龙祥岛、南港、塔礁洲、古灵村、榕桥村、旗山、五虎山、青圃村、梧桐下村、昙石村、港头村、溪源村等，因这些地方风光秀丽，或有远近知名的文保单位，或有一田油菜花，或是一处精心开发的旅游景点，又或保留了许多历史古迹，所以人们都乐于书写、宣传，而桐口村就相对少人关注，就算它有那座曾经相当"热闹"的桥梁。

探究桐口村的前世今生，还有许多事物可以漫谈，如桐口村名与闽剧唱词，起源于清道光年间的"桐口粉干"，还有南朝时代的古墓群，以及一些出土的文物……

祥谦镇

飲冰室文集

· 祥谦镇

枕峰山下话古村

枕峰,因山巅如枕而得名。细思村名,一股淡雅的诗意油然而生。那座山叫玉枕山,山中有诸多胜景,《闽侯县志》记载:"玉枕,其巅有啸霞洞、秋坞紫屏、上令泉、青田坂诸胜……"

枕峰古属闽县归义里,今系祥谦镇下辖村。在闽县旧有的"十二乡,三十七里"中,它也小有名气,很多人对这个小村庄并不陌生,因为这里曾是驿道所经之地,境内旧有方南铺。古人渡西峡江,经枕峰一带而到达莆田。两宋以来,漳泉一带经济繁荣,海外交通发达,这条路在福州教育、经济、文化交流方面发挥过重要作用。

这个村落承载着诸多历史记忆,如今尚存的穆岭古驿道遗存,也在附近。

论"福莆路"驿道,不得不提枕峰;说枕峰,首先要讲古刹枕峰寺。

枕峰寺原名"西峡寺",但后来人们习惯称它为候潮寺。古寺坐落于玉枕山麓、南驿道古西峡渡之南,始建于宋建隆元年(960)。福州地方旧志中不乏它的记录:乾隆《福州府志》(卷十六)载:

"穆公故里"牌坊

闽侯村落行记

"枕峰寺在归义里。《闽都记》:'宋建隆元年(960)置,西峡渡之南。驿道往来,候潮之所,正统九年(1444)重建。'"

古寺旁的溪流通往西峡江。旧志中"西峡江"条载:"在永福里,距城南六十里。受永福县印溪之水流经此,接侯官仙崎江,又东流十余里,东峡江亦流合焉。"明代王应钟在《枕峰登眺》诗中有云:"万叠西来云海尽,一灯东度粤南通。"诗中"云海""粤南"点出了江面壮阔辽远及船只航行的去向。古时这里水流湍急、风涛险恶,民间传说江中有"白刀鱼精"作祟,遇风浪时水如奔雷,其景状震人心魂!所以旅客们渡过"峡江天险"后,都会捎信家中报平安。古代笔记、诗词中不乏其行船艰难、水路险恶的记载,如明代杨德政《渡西峡》诗云:"岂忘垂堂戒,何因涉险行。青山吹欲动,白浪涌如崩。鸥鹭惊飞尽,蛟螭结阵行。谁云舟楫好,未若羽毛轻。"宋诗人张元幹《西峡行》诗云:"西峡门东晚潮上,涛头驾风高数丈。绝江艇子更扬帆,风水相吞两岸壮……"明代叶春及《峡江渡》诗云:"峡江亭前秋叶多,峡江渡口足风波。知君急渡如江水,

枕峰古渡口

帆影先开奈尔何。"①

宋时,乌龙江之水漫至玉枕山下,往来商旅之人皆候潮憩于寺中,以避渡江风险。佛教"慈航普度"一词是指佛以慈悲心救度众生,犹如舟航渡人,这4字用在枕峰寺也再适合不过。正如清邑庠生淘江林晓春《过枕峰寺有感》诗中所言:"光明幻灭悬方丈,咫尺慈航渡大千。"②

古寺是候潮之所,但也是一处清逸之地,所以吸引

枕峰禅寺大雄宝殿

众多名人前来寻幽吊古、雅集酬唱。南宋乾道四年(1168),状元王十朋出任泉州知府经过此地时,停驻寺中以待潮平渡江。③这次匆匆行旅,他来不及体验枕峰山色,从他存世的诗中能觉察出其对枕峰的倾心与眷念,一种不舍之情溢于文字之间,"门外峰如枕,宜眠清净心。禅僧自面壁,谁是枕峰人。饭罢匆匆别,劳生可奈何。不能留一宿,有愧此峰多。"④这应该是他的一个终生遗憾,因为三年后他就去世了。比王十朋稍晚的

---

① 福州市政协文化文史和学习委员会:《福州古驿道史话·第五章·福莆路》,福州:海峡文艺出版社,2023年12月版,第164—165页。

② 枕峰村志谱编纂委员会:《枕峰村志谱·附录·诗词》,内部印刷,2003年7月,第123页。

③ 枕峰村志谱编纂委员会:《枕峰村志谱·附录·诗词》,内部印刷,2003年7月,第70页。

④ 万历《福州府志》。

闽侯村落行记

枕峰禅寺一景

刘克庄,也对枕峰山色赞赏有加,这位宋代著名闽籍文人笔下的《游枕峰寺》留下了当年的清逸"画面":"石磴招提古,松萝暝不分。排云双树转,隔水一钟闻,林影迎残雨,山光倚夕曛。醉来归路远,秋思正纷纷。"①

在树下立尽斜阳、目断远山,待凉月初上,听幽谷虫鸣,在寺院中诗茶遣兴、听惯潮声,当年的古寺确是绝佳赏胜之处,也不乏题咏寄情之作。不妨再引一首明成化庚辰进士林璧之作:"雨过千山净,禅林赏菊天。方岩危欲堕,锦水远相连。客喜如苏晋,僧疑是浪仙。诗成留偈处,竹坞起茶烟。"②从宋代至清代,古寺送往迎来了无数过客,情感在这里交织:离别时的感伤,出发时的壮志,相聚时的欢乐,等待中的忧怨……这些都在晨钟暮鼓之间得到排遣。当我走进寺中,曾经所经眼之文献仿若浮现眼前。

寺里旧物已不见,原有的宋代石槽,也搬移到新建的寺庙中去了。寺院的历史沿革见于资料记载:明正统年间遭火灾,后重建于大王宫左

---

① 乾隆《福州府志》卷十六。
② 枕峰村志谱编纂委员会:《枕峰村志谱·附录·诗词》,《秋日全诸友游枕峰寺》,内部印刷,2003年7月,第121页。

侧,改名为"枕峰禅寺";康熙年间重修一次。20世纪30年代以后,被枕峰国民学校借用办学,直至90年代学校才迁到他处。后来寺庙历经十年修建,虽建筑焕然一新,但也失去了原貌。

古寺是人们对枕峰村的记忆,也是今人对这座小村庄的第一印象,虽然村中还有一些宫观庙宇古迹,如义姑祠、大王宫、锦江境牟尊王庙;也有散落在村落的古塔残存、古井、古桥、古碑,以及祥谦陵园等。关于枕峰寺的故事或许在某文人文集和笔记中有相关记载,只是不好发现。且古今地理环境变迁太大,如今,时过境迁,寺院周围遍布民居,寺边古渡道也早被泥沙淤塞,一切不复当年那般景象。可能唯一能够牵起这段清思的就是村中尚留的一处古渡口。在道路交通还没有很发达的年代,客船是村里人的主要交通工具。1971年,乌龙江大桥竣工,过峡不再待渡,但渡口并没有完全退出历史舞台,且至今仍发挥作用——每日都有船在枕峰村与新垱自然村间来回穿梭。小村面向五虎山,想必村民们的生活十分惬意。村边还有水泥转运场,不时能看见从江西驶来的船舶。枕峰渡口

枕峰禅寺全景

闽侯村落行记

大王宫戏台

旁有妈祖宫、锦江境牟尊王庙,村民出海时会上香祷告,以期神明能"保境护航"。每年农历十月初十都举行"锦江境牟尊王神诞节庆",这也是村子的一段民俗印记。

调研枕峰村那天,当地村委会的人带我参观村里上塘路和下塘路还尚存几座老宅。当我置身其中时很容易就嗅到当年的气息,那些恢弘的建筑格局彰示昔日的昌盛,只是如今有的因长年失修而濒临倾圮,着实令人担忧。老宅背后一定潜藏着许多故事,只是要待人去细细追寻,去深挖那潜藏在历史深处的记忆。

大王宫

·祥谦镇

一个地方的文化皆渊源有自,而村落名胜与当地人文景观大多与历史人物有关,因着他们对自然山水的开发、规划,如题诗命景、建造雅居、营构读书处等,才使朴野的自然山川有了人文色调。

论枕峰人物,首先要说林穆。他是淘江林氏奠定宗基之人。林穆,字然祐,史料载,其父林卫曾为将仕郎,世居河南光州固始县,后随闽

村中古厝

上厝祖厅

村中古井

王王审知入闽。天祐元年(904),唐以福建威武将军拜王审知为节度使,林穆佐之。在治闽过程中,林穆"功绩居多,故位居左朝奉大夫"。后王审知令从己之人自择桑梓,所以林穆就选择这个地方定居,枕峰山下之故事也由此拉开序幕。①他的墓位于枕峰山西麓。大约在1994年,林氏后裔重建此墓。2013年3月,闽侯县人民政府将其定为闽侯县不可移动文物点。这座墓不但是淘江林氏族人祭拜祖先、寻源追远之地,而且有着更大、更深层的内涵。从文物整体观角度而言,它可以追溯整个尚干地区先民活动,因为墓地是古代村落重要组成部分,白居易有诗云:"死者不远葬,坟墓多绕村。"

村中景致可以论述的还有许多,只是有些事物已消逝在历史进程中,尚留的文物和历史遗存总是过于零散。在村里窄巷中穿行,我用心去感受这方清幽,极力在脑海中拼凑旧日景象。且以小诗一首,以慰心中的枕峰山色:

旧迹沦湮余梦影,几多楼阁换桑田。

曾经过客苦行旅,不见苍台候晓烟。

---

① 《枕峰村志谱》第十二章第一节人物传·林穆,内部印刷,2003年7月,第94页。

兰圃村漫谈

兰性高洁,自古为花之君子。兰圃村林氏祖先喜植兰花,蔚然成圃,久而久之,兰圃也就成为村名。

兰圃有"兰圃老区革命精神"。早在1931年4月,这里就建立苏维埃政权组织。第二次、第三次国内革命战争时期,兰圃村曾是中共闽浙赣省委、闽中地委、福长林中心县委等领导的革命斗争根据地之一。今在村内马山麓建有"兰圃老区革命传统纪念亭",用以怀念先烈。那段可歌可泣的岁月被写成了书,拍摄成电影,成为一代代人传颂的故事。但说起兰圃村,或许可以从唐末说起,相传那时村里已有寺庙踪迹。

马山麓"兰圃老区革命传统纪念亭"

闽侯村落行记

屏山寺

古寺初不知何名，今村中屏山寺及其起始年代是刘湘如等专家所考定，具体详见《兰江古今》书中刘湘如《闽侯兰圃屏山寺历史考探》一文。调研那天，我来到寺中，在一棵老树边，看了古寺遗留的几方柱础，还有一方"南无大方广佛华严经"石碑。一说宋时寺内僧众多达百余人，后年久倾圮。清道光十三年（1833），兰圃人林仁济重修，后又遭厄运，仅留残墙。到1993年，寺院历史才继续"书写"，从一间小禅房逐渐演变为今天的规模。①地方历史进程与事物演变，总会受到社会大趋势影响，会被那股大洪流所牵涉，寺院也概莫能外。1912年9月，该寺曾卷入当时政治风波，并导致寺宇被焚毁，释子空方丈被杀。释子空方丈一生追求光明进步，与辛亥革命老人林雨时（兰圃林氏后裔）等交游甚密。该寺当年响应闽省辛亥革命时期由同盟组织总机关发出的号召，义捐稻谷、银元等物资……这段历史鲜有人提及。

屏山寺石刻

屏山寺柱础等遗存

---

① 参考《屏山寺修建记事》碑。

闽侯村落行记

天下着雨,如飞花一般落在树上,沙沙作响。此时的寺院更加清逸,这种环境极易引起清思。佛门有深刻哲理与洞达的处世智慧,这座寺院属华严宗一脉,可惜许多历史无从考证。唐代著名诗人白居易的《僧院花》写得极富禅趣:

村中古树

> 欲悟色空为佛事,
> 故栽芳树在僧家。
> 细看便是华严偈,
> 方便风开智慧花。

不知到寺游玩、参观者中,会有几人探寻《华严经》的奥义。关于寺院,兰圃还流传着林氏族人馈赠涌泉寺"千僧巨锅"的故事。据说,捐赠人系兰江林氏族人林绪谦。这口巨锅一次可煮大米500斤,熟饭可供千人食用。锅口边镌刻文字:"佛历二三六五年,岁次甲戌,佛成道日匠人林任任造,闽县七里兰江……鼎峰圣恩领监院副吉暨合山……"①

后来我翻看相关史料,了解到一个人,曾为释印顺、妙钦编《中国佛教史略》一书作过序。此人名叫林同济(1906—1980),曾担任南开大学教授、复旦大学教授等职,著有《战国时代的重演》《廿年来中国思想的转变》《文化形态史观》《耕青随笔》《天地之间:林同济文集》等书。他曾经也作一首关于《华严经》的诗,名为《寺楼读经》:

> 一卷华严一抹香,午风恰御薄罗裳。
> 刹中自有四时令,不共人间作热凉。

---

① "遇见闽侯":《祥谦这座宗祠,承载着林氏家族的革命荣光》,闽侯县融媒体中心,2022年1月9日。

兰圃林氏宗祠始建于明末，今祠属于新建，但仍存旧楹联。当地人把旧楹柱重新搭成亭子，也算是别出心裁。林氏先人将家族渊源等信息和对子孙的期盼用这种方式保留下来，从而使联句深具内涵。

兰圃林氏宗祠

"大厝里"在当地小有名气，而"父子进士"的佳话更为村人乐道。林灼三，号圣成，又名俊仲，字心甫，清同治七年（1868）进士。历任广东海丰、始兴、顺德知县。长子林福熙，光绪十二年（1886）进士，历任广东、四川、浙江等地知县。①

林灼三故居

村落，一个既熟悉又陌生的词。村落生活方式、村民思维方式乃至居住习惯会随着时代而转变，但也有很多事物是延续的，比方说民间信俗。兰圃村信仰林位，始建于康熙六年（1667）的"石岗都督府"中还记录着村中风俗。

林位（1528—1564）是明代抗倭将领，他的事迹与精神通过

石岗都督府

---

① 林存翔：《兰江古今》（续集），内部印刷，2022年8月，第239页。

闽侯村落行记

主神林位

代代祭祀，得以传承。庙宇古意盎然，无论是墙上的壁画，还是侧廊上的石阶，都透出深深的年代感。正堂中放置一个签筒，看过去也颇古朴，我想"抽签"习俗背后正蕴含着村民对主神林位崇敬、深信的情感。于是他们才会在遇到疑惑时，选择把心事寄托于神明。庙宇是公正的化身，也是一处心灵寄托，对于现代很多人而言，它也承载着乡愁。

林位祖籍晋江梅林，明嘉靖九年（1530），随祖辈迁居长乐梅花。时

庙里的签筒

· 祥谦镇

石岗山公园一角

福建沿海不断受倭寇侵犯,长乐梅花一带数次遭犯。林位奉命镇守梅花城邑,抗击倭寇进犯,不畏艰险,无惧生死。1558年至1563年,他多次协同闽海抗倭骁将黎鹏举等组织梅壶军民,联手歼倭于梅花洋。一说林位因战功被委以地方讨倭都统之职,后朝廷欲升迁他为兵部右侍郎,但因积劳成疾,在奉调途中殉职。林位信仰初兴于长乐,当年兰圃村林宗厚迁居长乐梅花,于是由梅花林位宫"分灵"至兰圃石岗山同祀。

护国卫民钦神德;驱倭逐寇感圣恩。

治乱安民犹堪仰;勋业伟绩总不磨。

这些赞颂、纪念林位的联句流传已久,体现了村民对良善、忠正等美好品德的追寻,所以他们择地建庙,岁祭不辍。林位信俗不知经历了几代人,但我深信它还会继续存在下去。当年村人捧香祷祝,这种信仰如今依然延续,历史与风俗习惯也在这公共空间中得以传承。我想这就是这座庙宇背后的文化内涵。据村书记说,当地其他庙宇主神也多与抗倭有关,我想这是一个值得深入研究的话题。

石岗都督府旁有一棵玉屏树,碑刻中写道:"玉屏树,亦称镇火树,清道光丁亥年陈若霖由御园亲手移植。"这棵树背后有一个精彩的故事。

闽侯村落行记

清刑部尚书陈若霖是兰圃外甥，他童年就读于母舅家"兰圃私塾"，外祖母一家的学问、德行对他影响很深。据村里老人口述，陈若霖小时候经常到此烧香祈愿。道光年间，他奉旨赴闽缉私除患，以消除沿海走私贩毒之祸。他曾上奏林位事迹，皇帝御书"勋劳卓著"表彰其功。兰圃村中至今保留着当年陈若霖读书的那座古宅，虽然里面已不见他读书的一桌一椅，但一些物品仍可以为那段历史作佐证，比如故居大厅中的匾额。这座古厝建于清代，是当地清代大型木构民居建筑的重要实例之一，今被列为闽侯县不可移动文物点，命名为"祥谦陈若霖书斋"。古厝占地面积约1500平方米，坐东向西。合院式民居，前后二进。大门上有单坡顶门罩，门内建筑依次为屏门、门廊、天井、两厢、

玉屏树

正座、后天井、两厢、后座等。封火山墙二坡顶，穿斗式木构架。部分木构件如槅扇、檐下雀替及屏门上方等雕刻精细。当年陈若霖专程从京都御花园择移来两棵玉屏花树，作为他外祖母九秩寿诞贺礼，一棵栽在文苑里，即今古厝中，一棵敬献"圣王"林位。

宫观、寺院、古厝都在传述着不同故事，散落在村落的许多遗存、遗迹也刻录着曾经的岁月。当我们走进传统村落或历史名村时，时常会被密集的古建文物震撼，仿佛走进一座座古代历史文化博物馆；一些传统村落，民居多依山傍水，游人通常会被自然生态的美妙所折服，从而羡慕他

·祥谦镇

祥谦陈若霖书斋

兰圃临水宫

们能够过上世外桃源般的生活。行走在兰圃村,则是另一番感受,那些古建、宫观,还有很多被写入青史之"荣耀",以及说不尽的逸闻趣事,使村居生活充满追忆与怀想。

兰圃村有着别样景致,我在这一路的探访中获益匪浅。福建许多村落仍有许多历史信息未被发掘,但它们对于历史研究和文化传承而言都极有意义,可能这也是后来"乡校"研究模式兴起的原因之一。而兰圃村则是例外的,因为有一人敬恭桑梓,持续关注兰圃历史文化,时达二十多年。准备开始写这篇文章之前,我得知林依光老先生编著了《兰江古今》《兰江古今》(续集)等书,较为完整地记录了村庄历史。

尚干镇

塔影依乡隐

·尚干镇

庵塔下的影迹

古人登高远眺，所见烟笼远渚，天际归舟。

红新、亭上、乌门三个村共有的塔林山（一称珠山）顶上有庵塔，亦称雁塔、安塔。《三山志》载："闽之浮屠，始于萧梁。"这座福建古老石佛塔一说建于南朝陈太建

庵塔

年间，且被视为当时福建寺院文化之遗留，可见福州寺院历史之悠久。南朝时期，福州文教初兴，"七闽人师"阮弥之在乌山开启教化，史册有载。那个时代里，在庵塔周围也开始出现先民影迹。2016年，民间和政府共同筹资将珠山改造成塔山公园。无论此前这里发生过什么，曾经是郁郁葱葱，还是兔走荒台，人们都不会忘记这样的"标志"，且它还将永久存在，这正是文物的魅力。关于该塔的起始时间问题，林兆武等人作有《尚干古镇风水格局考察》等文，兹不再论述。这座塔下，一段段剧情开始上演。亭上村位于尚干镇西部，因有一石桥端建亭，故称"亭上"。其邻近的红新村，因此地官宦大屋多朱门，故俗称红门，1983年后改今名。乌门，所居多为富商巨贾，他们涂墙为黑，故称。这是庵塔下几个村落名称的由来。塔是这里的公共中心，后世建造房居或祠庙应

闽侯村落行记

尚干老街

当都会注意到它们之间与塔的方位关系,所以它也关联着先民营建村落的思路。

庵塔下不远处的尚干街颇有名气。对我个人而言,可能印象最深的也是这个地方,因年少时曾来过几次。记忆中,这里总是摩肩接踵,人群穿梭不停。当年邻近乡镇的人到福州城内颇感不便,他们多选择来这里购物。关于这条街的商贸历史有人说始于明末清初,这不得不让人想到"经济基础"对各项事业发展的重要性。我猜想大概由于商贸发达,于是才积累起"家族资本",又因家族重视教育,于是开办私塾、书院以大力培育子弟,故族中子弟"学优登仕"者比比皆是。至清末民初,老街中各类商店就达200多家。关于这条街的地位,有人这样记载:"尚干是周边七里的商业文化中心,而尚干街是尚干的中心,集市贸易相当活跃。"这条街兴起原因有待进一步探究。在当代,促成此街繁盛的原因之一在于闽侯县政府于1950年4月迁来尚干镇,至1953年10月迁往螺洲。在福州,曾有一套丛书颇受当地人喜爱,即《福州民俗文化丛书》,其中《福州老街》一书中也记录此街概况,篇名《七里闹市尚干街》。古来记述历史偏向政治等大事，文人笔下的文章也多关注山川形胜，或对结社联吟、文艺研习等韵事有所关注，而对于"柴米油盐"一类市井生活点滴则疏于记述。当年街上的酱园酒库、当铺钱庄、鱼牙、药行、染坊、碾米厂、米店、布店、京果、糕饼店、烟店、金银首饰店、照相馆、旅舍等已不知所终，在老街拓宽改道后，旧有建筑等也剩不多。留存至今的只有"尚干拌面""元达元宵"等店，对于老人而言，这寻常的味道中传达的不仅仅是口感，更多的是往日记忆。

尚干林氏祠堂坐落于这条街上，祠内书写着林家奋斗历程和一段书香传承，当地人在此举办许多活动来纪念或追述祖先懿德。远近闻名的义姑报功祠也在这里，它讲述的是有着"虽女胜男"之称的林五

尚干林氏祠堂

娘故事。林五娘（1261—1309），尚干人，是林津龙之女，排行第五。其自幼随父居官在外，知书达理，深明大义。在光绪二十八年（1902），族裔在尚干林氏祠堂西侧建"义姑祠"。此前有《义姑传》叙述其人事迹，林森曾亲笔题鉴。今义姑塑像就立在老街上。"二七烈士"林祥谦故居也在这条老街上，所有人都应记住这位工人运动先驱的事迹。还有许多故事，我想都会在这条街上流传。

在街的对面有一座南天巡太师殿，门口的楹联极具哲思，这也是当代人对民间信仰所应持有的正确态度："存心邪僻任尔烧香无点益；身存忠直见吾不拜有何妨。"那天，我站在庙前，看着这条街——我想，人

闽侯村落行记

南天巡太师殿

塔山公园入口

们多愿意相信尚干人才辈出、各项事业发达的原因是这座古塔的庇佑。

关于尚干的历史文化，笔者丝毫没有研究，但因去年写作《闽侯书院》一书，对当地人文颇有留意。当地前后编撰、整理过许多书籍，很好地保存了乡土文化。据我所知，有清光绪年间，尚干林翰西所作《陶江氏物志》，晚清进士林履端《尚干乡土志》等，以及今人所编撰的《闽侯七里志》《闽侯七里史略》《尚干七里地名漫话》《尚干林氏祠堂志》《尚干乡土传说》《永庆尚干》（第一辑）等。人们在研习地方文史过程中，也始终没有忘记庵塔，且在许多书籍封面上都绘出"塔影依天际"的景象。

青口镇

穆嶺亭久多風雨

·青口镇

前洋村中的穆岭古道

福州道路建设历史悠久,"唐陆庶开闽道四百里",后逐渐形成"福延""福莆""福温""福瓯"四条省际道路。本文要说的穆岭古道即属"福莆"路段,其位置在今闽侯青口镇前洋村。古人从福州城经枕峰、兰圃、青圃、梅溪等地就到了福清。

这段驿道遗存在穆岭寺旁,因此处曾设"梅花驿站",所以也称"梅花古道"。它与一般人想象中的不太一样,没有所谓的山间羊肠小道,路势也并不险峻陡峭,"登天入渊,上下循环"更无从谈起。这里,不过数十步而已。据有关方面测量,这处驿道遗存长180米,共86级台阶。藏在红墙黛瓦边,斑驳的石阶愈显清凉,如同被遗落的闲置物。古道旁还遗留一方宋绍兴年间的"捨银碑",驿道尽头有一座"贞寿之门"牌坊,静伫无声。

两宋以来,漳泉一带经济繁荣,海外交通发达。"福莆路"在福州与闽南教育、经济、文化交流方面发挥着重要作用,当年驿道上名贤、商旅往来不断,文书传递络绎不绝,而今皆成过往。古来闽南秀才来省垣福州考举,多经过这里,此路是当时的交通要道。正如寺中一副联句云:

碑刻("捨银碑")

"贞寿之门"牌坊(林强 摄)

· 青口镇

驿道横陈英雄豪杰皆过客；
庙门倒置山色花香并入堂。

所幸的是，在天仙府（穆岭寺）旁尚有一处遗存——"穆岭亭"，也许就是当年行人旅途困顿歇息之地。福州评话序头有《进京路引》，这段文曾在福州民间广为传唱，其内容与这条驿道有关："……琯口大义隔曙暝，青圃兰圃慢慢走。乌龙过江三角埕，城门黄山乡下路，后坂直拔白湖亭。下屿红墙十锦祠，梅坞过岭仓前桥……建瓯五日到浦城，浦城出去入江西，换乘舟车再前行。"这段文字记录了古驿道的路线，古人经闽侯大义、青圃、兰圃，再过乌龙江，穿福州城，后转闽北出省，再由江西去京城。文中从琯口经大义、青圃、兰圃、乌龙江、三角埕到城门这段路就是"福莆驿道"，而穆岭古道即"福莆驿道"中的青圃、兰圃段。当暮色降临时，行经此处的旅人就在此休憩或留宿。这座亭据说初建于明代，清代重修。现在，除了知道亭额落款时间为嘉庆十七年（1812），其他无史料查考。亭的东面为墙，寺门像是亭门，这种格局也许是联中"庙门倒置"的结字用意。亭是驿道上常设的建筑物，除了亭，还有铺、馆、站等设置。青青古道，寒烟衰草，驿道中的亭多给人离别之伤感。伫立其中，不免触景生愁，黯然销魂。

明万历四十年（1612），为避渡乌龙江风险，驿道改由侯官县白鹭岭铺西行，即由阳岐渡江到南通蒙（文）山，再经大田驿等道与原路相接。古代交通不发达，水路是主要的交通方式。

先说江行风险。古人渡江之险是今人难以想象的。乾隆《福州府志》（卷十六）记载："枕峰寺在归义里。《闽都记》：'宋建隆元年（960）置，西峡渡之南。驿道往来，候潮之所，正统九年（1444）重建。'"明王应钟《枕峰登眺》诗有云："万叠西来云海尽，一灯东度粤南通。"旧志"西峡江"条载："在永福里，距城南六十里。受永福县印溪之水流经此，接侯官仙崎江，又东流十余里，东峡江亦流合焉。"古人言行船艰

穆岭亭

难、水路险恶散见笔记、诗词，明杨德政《渡西峡》诗云："岂忘垂堂戒，何因涉险行。青山吹欲动，白浪涌如崩。鸥鹭惊飞尽，蛟螭结阵行。谁云舟楫好，未若羽毛轻。"

据旧志载，仙崎江"源出永福明溪。临江浒西岸，为芹洲。永福溪流迅急，久壅成洲，周回二十里，隐然。洲多产芹，故曰芹洲。又以四面皆水，号瀛洲"。据有关族谱等书记载，文中"芹洲""瀛洲"其地位于今闽侯南通镇陈厝村一带。

江中险滩无数，事故时有发生。从后来的文字记载中，也可知水路难行，如万历年间，罗星塔被海风摧毁；万历三十四年（1606）八月大风，侯官阳岐江上五舟并覆，溺死兴、泉、漳三郡赶试生儒千余人；万历四十年（1612）二月大风，马江渡船覆死一百余人。江行风险难免，故驿道线路的开辟与设置显得愈发重要。

再说当时改路。叶向高《阳岐改复旧路记》一文，为这段历史留下了珍贵史料。文载："……其后以兵乱榛芜，间逢虎暴，乃徙而由峡，路虽稍夷，而每值风波，辄葬鱼腹。即近者隆（庆）万（历）间大比之岁，生儒溺死以千百计，行旅病之，欲仍复旧路……将鸠工属、丁公奉命抚闽……乃移渡于阳岐江。自江而南，剪棘甃石，夷高堙下，辟为周行者五十余里。为桥二，公馆二，铺舍六，亭一，徼庐十，增渡舟八，埏埴材木……自吾邑以至莆阳、漳泉之往来于兹者，江行如陆，陆行如市，阳侯不惊，猛兽屏迹，万口腾欢，歌谣载道。"通过这篇文章，可知由宋迄清，古驿道建设是一个不断完善和改进的过程。

对于穆岭古驿道，关于其"本体"，短期内很难找到更多文献。在考察穆岭古道时，笔者收获一本《穆岭风采》，书中收录本地多位作家文章，其中也写到这条古驿道。阅读后我不知书中史料来源何处，但确是受用的。因为即使道听途说，却也提供了线索，使后来者能进一步取材研究。在古驿道历史与文化方面，可挖掘和阐述的有许多，如梳理各个历史时期线路发展、演变，探寻沿线自然景观、历史资源

穆岭寺中壁画

穆岭寺中碑刻

等，从而定义其历史价值、文化内涵乃至社会影响等。仅就"逸闻轶事"而言，也能列出一份清单，写出诸如"穆岭古道前世""穆岭亭风雨""陈文龙夜宿穆岭寺""叶向高与穆岭古道"等系列故事，但这些都需要全面的了解和精细的考证。

驿道沿线尚存有一些文物遗迹与历史遗存，分布于青口、祥谦镇村落中，它们是福州古驿道历史的组成部分。如三元桥，是驿道在水域空间上的延伸；坊口指路碑，使旅人辨明方向；虎头村里程碑，是路径的"导航"；而古渡口，则可视为古驿道上的水陆连接线。

古驿道同许多事物一样，在经历过沧海桑田后，逐渐被遗弃、淡忘，福州许多驿道线路已中断，这是它们难逃的宿命。《道德经》云："功成身退，天之道。"人如是，事物亦如是。古驿道是古代经济、文化的"生命线"，但自公路产生之日起，就退出了历史舞台。

在古代，顺着"穆岭古道"往前走，可以通往"相思岭"，那里流传着动人的故事……

南通镇

千載古墨沉舊迹

·南通镇

新岐村往事

新岐村素有"南港九十三乡大码头"美誉。不过,社会发展太快,许多事物的变化让人反应不及,以致古村的历史鲜为人知。

新岐村原来叫阴崎,也作仙崎,在很多古籍中有记载,如《读史方舆纪要·福建二》(卷九十六):"……其西麓小山曰仙崎,亦曰阴崎,与阳崎隔江对峙。"村里,岐山西麓有座古寺——岐山寺,寺院所在的那座山,名阴崎山,"位阳崎之西南"。① 岐山寺应该是村中最著名的古迹了。

岐山寺

① 《侯官县乡土志·仙阪区》。

古寺初名岐江寺、吉祥院，始建于唐代。一说源出雪峰崇圣禅寺，为鼓山涌泉寺廨院。万历《福州府志·寺观》载："岐江寺，在仙崎江浒。"明王应山《闽都记》记载："仙岐，一名阴岐，在十　都。江源出永福、明溪，与阳岐对峙。山巅树木阴翳，居民稠密，临于江浒，有岐山寺。"此寺历代屡有修葺，在清道光甲辰年（1844）重修过，寺院后来的历史暂付阙如，只知在新中国初期时，新腾小学曾借用寺院场地办学，当时学校招收新岐及隔壁马腾村的学生。今寺院坐东朝西，面阔三间，二进布局，中天井，左右回廊，后为大殿，周围砌以砖土墙，占地面积2000多平方米。大殿面阔三间，进深五柱。中为大雄宝殿，左为五灵公祖殿，右为泰山府，傍文昌阁。① 比较有特色的是，寺中除了供奉佛陀，还供奉老子、孔子，这种儒释道"三教合一"的寺院在福州地区并不多见。儒释道合流之风随时代发展，其理论也日趋缜密，明代学者林兆恩创设"三一教"后成为一股洪流，对当时文化造成一定影响，岐山寺也在此历史背景下有所发展。

古寺的故事，值得书写。

相传，宋福州知府蔡襄曾拜谒此寺，见大雄宝殿前韦驮菩萨终日站立，戏言："如此辛苦，何不坐着？"从此寺中改塑韦驮坐像，此为他寺所少见。②

这里，值得一说的是文人与释家之间的交游。两晋南北朝时，儒者或兼采佛教名理以自怡悦。东晋时期，佛、儒两家思想互相结合、补充，此时儒者多归心佛法，而释门佛徒亦不废儒学，如慧远以高僧而深研儒学，王通以儒者而推崇释道。从南北朝一直到隋唐，许多高僧皆有儒学和玄学修养，因他们多出身于儒家士族。③ 入宋以来，儒、释交流更为频繁，谢

---

① 曾江：《闽侯文物》，福州：福建美术出版社，2002年5月版，第57—58页。
② 曾江：《闽侯文物》。
③ 详见季羡林在《季羡林文化沉思录》中关于"佛教与儒家和道教的关系"的论述。

无量《中国哲学史》云:"宋之大儒,多与禅门往还,其讨论性命之说,故宜有相契发者……"文人与寺庙之间有着许多故事,本文介绍两位名人与岐山寺的因缘。

一位是明代名宦、文学家谢肇淛,官至广西右布政使,著有《五杂俎》《太姥山志》《小草斋诗话》《小草斋集》等数十种书。他生平喜好游历名山大川,所至多有吟咏,留下佳篇无数。他来过新岐,并作有《岐江寺》一诗:

> 孤舟停水宿,双屐暂相过。
> 地僻人来少,秋深木落多。
> 江声寒枕簟,野色隔藤萝。
> 坐久忘归去,樵林起暮歌。

诗句描写寺院周围清逸环境,也表达他喜欢岐山寺清幽的心境,流连忘返。另一位是谢肇淛好友、明代著名藏书家徐燉,他也到过这里,并作诗道:

> 忽舣沙边棹,来寻江上村。
> 危峰晴辰刹,怪树老当门。
> 翠霭迷珠网,香风动宝幡。
> 数声鸣石磬,花雨落黄昏。

这两位历史人物都在岐山寺中留下逸闻趣事,是岐山寺历史中极具人文色彩的片段,其笔下精彩的诗篇为岐山增色,也描绘出了岐山的旧景。

寺院前面的江,名为阴崎江。今寺院周围遍布民居,已无当年痕迹,此为古今地理环境变异使然。除上述诗咏,通过寺院现存联句亦能窥见旧时影迹,如大雄宝殿联:"梵宇控金岐,依稀鹫岭;沙门迎锁水,仿佛鱼山。"新岐港河道又称金锁江,联中所谓"锁水"即指这段江水流域。

关于这"岐山古迹",可能村民不会去细究。但大家应该忘不了寺院边空地上曾播放露天电影,这成为一代人抹不去的记忆。

闽侯村落行记

以下再说阴崎江。

阴崎江是旧日福州主要航道之一,"行者南北必由此出涯以济"。①《清史稿》载:"福州府：……又东南为阴崎江,又东为乌龙江,右合榕溪,又东,亦曰西峡江,又东来会……"②村中的水路和陆路交通可以追溯到很早,唐代的寺庙、马浦道渡口榕树下的宋代石梁等,这些历史遗留都是古人生活的印证。其实在宋代以前,这里是福州去外地的一条主路,古人从今福州城出发,过南台、阳岐等地就到了阴岐,再由阴岐到五虎山……后来这条路逐渐演变为"福莆线"的一段路程。而村中古渡口起源亦早,元代

新岐江

时郑潜在此创设义渡,"置田以给舟子",以方便百姓行旅。史载:"元郑潜置义渡处,一名仙崎。其旁为芒山,有瓦窑。"③乾隆《福州府志·津梁》(卷九)载:"新崎渡旧名仙崎前,因改设官路,由阳岐渡江,新立公馆。"阴崎和阳崎的关系,在今日村里的地名中仍有体现,比方说有个地方叫"阳岐尾"。但要追溯久远才能讲清楚这些地理变革,这也导致目前村中一些古地名如马洋头、马家浦、马家洲等找不到任何与其命名有关的痕迹,因为马氏族人早就迁走了。

后来,村民多都参与海上贸易,或以渔业为生,于是新岐村历史展开新的一页。

新岐运输高峰时运输社有职工400多人,加上家属等多达2000人。

---

① 林枫：《榕城考古略》。
②《清史稿》,志四十五·地理十七·福建。
③ 林枫：《榕城考古略》。

·南通镇

当年的运输社承担着闽侯县大部分的水上运输任务，所以也吸引许多外村人到此谋业营生。与水上作业紧密相关的是妈祖信仰，福州民间流行"官船拜陈文龙，民船拜妈祖"。旧时许多村人都在水上营生，所以他们信仰妈祖也是情理之中。当地人在村内建有一千平方米的天后宫，这座庙宇标志着妈祖信仰流传的广泛性，也寄托着他们心中的美好祝愿。而村中"妈祖巡村"的民俗活动起源一说有近200年。

早年渡口所在地，现已无从考证；马浦道渡口也在近年开发建设中被填平。在地方史志资料中，对它的记载只有零星片牍，如《闽侯县交通志》记："新岐渡口，位于大樟溪下游南岸的南通镇新岐村，对岸是湾边。配有机动渡船二艘，渡工六人，由新岐村管理经营。"[1]但这处古渡口牵系着好几代人的情感，也是他们讲不完的故事。今天到新岐村江口，

---

[1] 闽侯县交通局编志办：《闽侯县交通志》，内部印刷，1994年12月，第100—101页。

闽侯村落行记

依然能看见许多船搁浅在岸边,放眼望去,如同水墨画……

阳岐尾一带曾是福州地区疍民比较集中的地方,据说原来疍民船只、连家船等有百来艘之多。旧口里,船民一年到头在江中打渔,或从事水上运输业,船是他们的工作地,也是他们的家。到20世纪90年代,这些人才上岸生活。在旁人看来,在江上看风景极其惬意,而经历这一切者则不然。他们长期生活在潮湿的水环境中,承受着生活的压力。

此前,这个小村庄因交通发达,从早年"居民稠密"[①]的景象到后来大小商铺林立,如今能显示这种"盛况"的,大概只有村里的孙厝里古厝了。曾有"南港九十三乡第一屋"之称。"南港"是南通旧称,而"九十三乡"则涵盖当时南通镇所有村庄。且不说对这处古厝的定位是否符合历史事实,但它至少证明小村的辉煌过往。古厝始建于清代,一说故居主人经

新岐下渡口

---

① 王应山:《闽都记》。

营木材生意发家,家中女眷曾被赐予一块"诰命夫人"牌匾。古厝建筑面积约1700平方米,建筑构件与装饰透着主人的地位和审美情趣。古厝边为书斋,面积为200平方米,1995年,书斋及花园毁于火灾。

据相关资料记载,孙氏后裔还与福建船政有关系。如孙维城,系船政后学堂驾驶专业第十九届毕业生,曾任"靖安"舰副舰长、"张字"艇艇长;孙筠系船政后学堂驾驶专业第十一届毕业生,曾任南京海军军官学校斋务长;孙上笏、孙世琛,是福州海军飞潜学校学生。①

孙厝里

小村的"中街",原先是石板路,一直通到渡口,至20世纪80年代才改为水泥路。街中,一排木构民居沿街面而建,其建筑年代难以考证,但大概都有百年历史。原来街面两侧摆满摊位,赶早者摩肩接踵,熙熙攘攘;午后,这条街就变得安静,十几米外的交谈声、脚步声都能依稀听见……也许在很多村人心中不会去考究村中有没有一段显赫过往,也不会去想某个时代和哪段跌宕起伏的历史有所关联。

---

① 谢木宁、龚张念:《船政文物图录》,福州:福建美术出版社,2009年12月版,第189页。

闽侯村落行记

老街

·南通镇

洲尾村的过去

洲尾村傍江而立,地处大樟溪南岸,这一片水养育一方之人,也有着无限诗意。

忆昔少时乘渡轮,
流光如水卅年春。
古碑曾记旧行径,
拂柳长堤送故人。

这是我那天调研村落后写下的感受。记得小时候我常随母亲从新岐渡口坐小船到洲尾下渡口,上岸后从一条堤坝旁边的路走回洲南的家。一晃三十年过去了,那渡口也消逝无踪。

村中一景

"文兴境"石匾

这个地方原作"文兴境",当地居民在此繁衍生息,至少有650多年历史。村落又称作"洲美墩",不知起源何时。我想无论是"洲美"还是"洲尾",它都和芹洲有关系。

《八闽通志》卷四"地理·山川·福州府怀安县"记载:"芹洲在

府城南十二都泽苗江之西,当永福溪之急流,推沙走石,岁久拥而成洲。周围二十余里,居民稠密,隐然阛阓之区也。洲多产芹,故名。又名瀛洲,以其四面有水,如瀛洲然也。"类似记载见于王应山《闽都记》、林枫《榕城考古略》、乾隆《福州府志》等。

关于芹洲之名,地方文献对地理区域界定的片言只语,使当代人对芹洲地理界定产生分歧。如《侯官乡土志》"南屿区"条记载:"……由此过五通港,可达仙阪区之芹洲、陈厝。"该书"仙阪区"条下记载:"陈厝与芹洲毗连,亦洲地。居民陈姓,约九百户。"

根据这段记载,可以推测清末与明代的芹洲地理范围不一样,当时芹洲被独立出来作为一块住地。关于为什么把陈厝单列出来,我认为其中很重要的原因是,清末时陈厝人文兴盛,且陈氏族人人数众多。

今洲尾自然村属陈厝村,古时芹洲范围不仅含今陈厝村,也包含今天洲头、罗洲、方庄、上洲、洲南等村落。当地理环境发生变化以后,遗留的地名就成了历史见证,看到这些村庄名称,很自然地就让人想起芹洲之头、芹洲之南、芹洲之尾……芹洲地名文化之余韵遗留至今。

此前,笔者在家中族谱中见过有《恕公迁芹本纪》一文,这是一份珍贵的村落史料,文章落款时间是康熙年间。文中对当年芹洲景色有所描绘:"见其平洋之地,以水为龙,斯地之外有山列如屏。水畔有江环而若带。迨至潮兴水满,昼则日光云锦之色,夜则月璧星珠之辉,交映彻于波心,而不可名状。且也清风徐来,狂涛不生。可以睇远浦之归帆,可以听渔歌之鼓枻。无限瑞气之所钟……"该文还提到卓氏中有功名之人:"……凡产于此洲者,在卓家则有润公,在林家则有细公,皆登进士第……"卓闰(润),洪武十七年(1384)中举人,翌年中进士,曾任训导等职。

对于村中历史文物,当先说永寿桥。此桥建于1917年,位于下保与上保交界处,横跨芹江两岸。桥栏柱头原来雕凿有寿桃、番石榴、佛手瓜、

永寿桥（局部）

南瓜、八棱状球等图案，后其中四个柱头损坏，用石狮补装。有专家认为，民国时期如此规模的石梁桥在闽侯县并不多见。桥栏上除镌了桥名等信息以外，还刻着"芹江"二字，这是一种桑梓情怀，也是民国时村民对芹江人义的一种自豪感。桥上一石墩上还镌刻着"桥上不准放牛"的字样，这是为卫生考虑，也隐含着卓氏先人对文化的崇敬之心。村里闽山亭中，立着两块民国时的石碑，《永寿桥碑》云："吾乡过港要冲……盖石其上，以济行人……"在当年，还没有形成今天这样行政村、自然村划分概念，所谓"吾乡"应指的是芹洲整体。这座桥当年方便了过往行人，也因为有它的存在，洲尾村的历史读来更加厚重。

过闽山亭，不远处就是卓氏宗祠和大王宫。

大王宫中的戏台似乎好长一段时间没有打理，它曾经是村里的"娱乐场所"，牵系着老一辈人的回忆，也是远方游子最浓的乡愁。

戏台正对着宫庙里的神位：神殿中间供奉景福尊王，东侧供奉天上圣母、顺天圣母，西侧供奉田都元帅。村中的戏曲演出总是与敬神、酬神等事关联一起，在以前是备受欢迎的。旧

永寿桥碑（局部）

时人们对戏剧的喜爱是今人无法想象的，且几乎全国都是这样，有学者当年在山东某村做田野考察后写出："一旦某一个乡村要举办戏剧演出的事情被确定下来，附近的村庄都将为之兴奋得颤抖。""在一个已经聘请了戏班的村子里，经常发生的一个现象是，几乎每家每户都是客人成灾。有时由于没有足够的地方提供客人躺下睡觉，以至于这些人只得坐着聊天过夜，就好像是准备第二天早上起来干杂活似的。"①

我在大王宫中还看到了好多副塔骨架子。塔骨架上书写着神的名号，如万里耳、丹霞将军、仙童神、高将军……这极易使人联想到游神活动。游神，是敬畏神明的表达方式，也是祈福活动。从某种角度上看，它也属于一种"祭祀"。有人认为它是中国民间最重要的宗教仪式，其热闹程度要超过其他民俗活动。论历史，它在中国已传承上千年，有些年代被禁，晚清时甚至被认为是迷信行为。时变世易，今天，人们赋予游神活动以积极意义。这种活动又称迎神、迎神赛会、神像出巡等，在洲尾村，它被称作"迎郎奶"，每年正月廿七日，场面热闹非凡。

姓氏与祠堂是村落文化的重要构成部分，从某种意义上说，挖掘、

---

① [美]明恩溥：《中国乡村生活》，陈午晴、唐军译，北京：中华书局，2006年7月版，第43页—44页。

· 南通镇

老戏台

闽山卓氏支祠

塔骨架

传承宗族历史，就是传承村落文化。在记录历史文化方面，比如很多家族在编修族谱时，会把当地的文物古迹、宅第园亭、民俗活动等也列入其中。而各姓氏族谱中所阐述的要旨正是传承优良家风，谨念先贤榜样。这或许也是卓氏族人心中念念不忘的那副对联"芹水家声远；闽山世泽长"的基本含义。

洲尾村原有卓、林、游三姓，但后来，林、游两姓皆迁徙他处。一个乡村乃至一个地方的文化保存和发展总要有人去关注和推动，如此才能使这个村落发展更好。村中卓贤科老村长退休后仍致力家乡建设和公益事业，曾组织族谱续修工作，且极其重视村落历史与宗族文化。

敬乡亭

村中的老房子、古桥、祠堂、老树、古碑，以及历史不算久远的油纸伞加工厂等，这些物质遗留或记忆，构成了村落的历史，也成就了村落的文化底蕴。

·南通镇

古城村一页

"闽中山水称古灵",这是《十闽名胜笺》一书对古城村的评价。

村名"古城",蕴含着古城村曾是一座城的说法。据相关记载,陈令图父亲陈橄是王审知的功臣,王审知为守地养民,想建造一座新城。还有一种说法可以追溯到西汉时期。民间传说,古灵城旧址在闽侯县南通镇古城村南约2公里处坪地上,闽越王无诸想在这里筑造城墙,但后来放弃了筑造中的古灵城墙,转而建造新店古城。

关于"城",宋代陈襄在《古灵先生文集》中作有一诗可参看,有人认为它写的即古城之景:

芦苇萧疏天气清,水含山色照重城。

绿鞠何处管弦地,碧落旧时钟鼓声。

三峡桥边秋雨过,六鳌宫里夜潮生。

萧郎秦女无归约,十二瑶台空月明。

一说十二瑶台就是古灵十二景,但不管如何,古往今来,古城曾迎来了许多文人学者,这些人多有诗作流传。

这里有省级风景名胜区——十八重溪,溪流曲折,瀑布飞泻,山峰环绕,景色宜人。有人梳理这里的景点,统计出有一百多处:一重灵隐古寺,二重乌龙戏珠,三重大帽芳草,四重溪山幽亭,五重织女济公,六重众仙聚会,七重老爷秘洞,八重瀑布龙潭,九重避风良港,十重三仙洞府,十一重乌龙吐水,十二重尾崖洞天,十三重乌缸兴雨,十四重峭壁抖魂,十五重玉璧翠毯,十六重众仙赴瑶,十七重壁虎问天,十八重猕猴逍遥。景点的名称带着七八分的幽意,实际景致则更幽绝。"清溪源发古灵山,

闽侯村落行记

十八重溪

小渡索回出后湾，竹径暗通流水入，紫门常对落花关……"这是古人对第一重溪的景观描写，这里有初建于唐咸通二年（861）的灵隐寺和始建于清康熙元年（1662）的齐天府。古貌盎然的古灵庙，位于第二重溪，这里寄托着当地人的信仰，也流传着民间故事和传说。

景区气候宜人，四季风景皆宜。有人总结这里的特点是：山高、谷深、林密、洞多。如这里有上岩洞、下岩洞、尾崖洞、老爷洞等。上岩洞内残存旧房土墙，下岩洞内残存古寺条石基和石雕。尾崖洞是景区最大的洞，深29米，宽19米，高13米，可容几百人，当年闽浙赣省委曾在附近召开"八·二八"会议。老爷洞是水流冲刷流纹岩而成的洞，四周地形隐蔽。这里原为匪徒穴居处，因匪徒称匪头为"老爷"，故名。[1]

因自然风光优美与人文历史厚重，许多骚人雅客喜到此游玩，并留下诗文。

"闽中十才子"之一的高廷礼（1350—1423），作《游大帽山》诗云：

---

[1] 陈文德：《十八重溪旅游指南》，福州：福建人民出版社，1998年5月版，第5页。

>　　灵境秘绝顶，石房秋气多。
>
>　　只疑列仙居，俯视飞鸟过。
>
>　　群岛落天镜，玉盘浸青螺。
>
>　　相期谢尘鞅，归卧此岩阿。

诗中大帽山即指古灵村。《闽书·方域志》载："一名古灵，一名大帽，一名席帽，千峰奇峻……"

明代官员、闽县人林志（1378—1427）曾作"古灵山十景诗"，其中《安德泉》诗说：

>　　日照飞流挂晚空，匡庐瀑布宛相同。
>
>　　轻烟暝处看将断，落木寒边听不穷。
>
>　　一派初如澄练合，千寻直与大溪通。
>
>　　期君驻马相擒翰，莫羡银河赋独工。

清代，古灵依然为文人墨客驻足赏玩之地，如叶大庄作有《游古灵村》4首，其一云：

>　　石峭溪幽景益真，桥阑井甃宇犹新。
>
>　　此村岂止饶林壑，九百年前大有人。

一个地方的历史事件、文物存在状态、民俗延续情况等都反映着当地人文。俗话说"地因人重"，历史名人对地方文化的塑造与影响作用是巨大的。古城村最著名的人物是陈襄。

陈襄故居，甚难寻觅。因为就算是亲临其地，如果没有当地人指引，根本不知那一片从草杂生的地方是这位名人的"故居"。而如果没有路边的那块介绍牌，时间久了恐怕就连村人都难以辨识。

陈襄（1017—1080），字述古，号"古灵先生"，北宋名臣、教育家。一生经历北宋真宗、仁宗、英宗、神宗四朝，历官多地，宦海浮沉。任京官期间，他向神宗皇帝推荐了司马光等30多位贤人。

后世学人给予其理学成就很高评价，他在老家南通镇古城村创建"古

古灵王庙

灵书院",率先将理学引入福州书院,这在福建书院史和闽学发展史上意义重大。陈襄办学经验与学术思想,也直接影响福建书院的发展。这种历史渊源和作用不言而喻,其一生行迹在当时福建学人心中占据了重要位置。陈襄学派是当时一大儒学派别,由于后世缺乏系统研究,遂鲜闻。关于这位历史名人的故居也鲜见有什么活动事迹记载,幸有著名文人谢肇淛留下了《过陈述古故居》一诗:

陈襄故居遗址

萧条曲径锁秋烟,
异代衣冠尚俨然。
自向木屏书世系,
谁从秘阁讲遗编。

・南通镇

古城村景

闽侯村落行记

> 连云甲第余双碣,
>
> 漏日茅茨只数椽。
>
> 惆怅古灵山下路,
>
> 闻孙自种鹿门田。

自陈襄之后,陈氏家族后裔亦出了很多进士。古语云"钟灵毓秀",我想,古灵村也生动诠释了这4个字的内涵。

南屿镇

寒潮催月と江門

·南屿镇

双龙村清韵

闽侯碗窑山龙窑遗址在南屿镇双龙村,这是南宋遗留,被列为省级文物保护单位。

2010年7月,福建省考古队对碗窑山窑址进行了抢救性发掘,从窑址内清理出大量文物,有烧制工具匣钵、垫饼,以及黑釉茶盏、青瓷、青白瓷等生活器皿千余件。这座山上有4处宋代龙窑,为我们了解宋代瓷艺开启了一个窗口,也使双龙村历史文化更为厚重。在此,可以怀想一段宋代茶事,宋代人以这样的器具来点茶冲饮,此风流行数百年,只可惜"福

碗窑亭

闽侯村落行记

宋代石像

"州盏"缺少宣传。黑盏是当时喝茶良器,蔡襄在《茶录》里说:"茶色白,宜黑盏。"据专家考证,碗窑山龙窑主要烧的是黑釉兔毫盏,与建窑产的兔毫盏外观相似。

说文物古迹,双龙村有不少,如宋观音石造像、黄土岭瓷窑址、泰山府、陈韡墓、元永通陂、明代杨桥、汤岭亭、雁峰塔、龙湖陈氏宗祠、榕江古渡头、浦口古街、双龙澡堂、观音寺,以及笔架山革命老区旧址、兔耳山福建省委机关故址[①]。渡口与村里的古榕,还有一些古民居,承载着村庄悠远的历史。也因这些榕树,才有了榕江之名。榕江之清韵,至今散透着它独特的魅力。游人来双龙村喝茶,在江边,漫步榕荫之下,是极惬意之事。午后,村里老人闲坐古渡口石阶上漫话家常,那么平常,又那么幸福。

榕江边的古榕树

① 参考潘佳琪主编《樟旗新叙》。

·南屿镇

榕江

闽侯村落行记

榕江旧渡口

因江水孕育,此地榕树愈发壮观。榕江之树,枝干纵横蜷曲,绿叶扶疏,参天翠色直向云汉。这些榕树成为双龙美景,许多历史名人都曾慕名而来。清代闽籍文人陈溶笔下的《榕江赋》,以典雅文字描绘榕树,书双龙村风景:"沧波漠漠,沉数点之青山。乔木阴阴,蔽半空之白昼。是以江得榕兮,溶溶乎,沆沆乎,浮两岸以扬芳。榕得江兮,郁郁乎,葱葱乎,贯四时而滋茂者也。当夫榕梢解冻,江介迎春,十顷春潮,小港千家,春树芳邻。"游人来双龙村,可以感受文中所绘胜景,一路所见使人清心。元末明初诗人王翰曾作《龙湖夜泊》一诗,记录了龙湖月夜,读来使人内心明澈,虽然这段水域不知确指何处,但在双龙村中很容易就找到了这种相似感觉。所以,我认为双龙村这一带景观,可以沟通古今之思,王翰诗云:

水舟眠不得,起坐待潮生。

露浅壶觞尽,江澄巾屦清。

沿沙余鸟迹,隔水递钟声。

悄似金山夜,相看月正明。[①]

双龙村从来不缺"流量",冬天时很多人来此泡温泉。村中拥有丰富的火龙温泉和水龙矿泉,日流量达300多吨,水温常年保持在80℃;矿泉水不仅低钠,还富含多种对人体有益的矿物质。其实,双龙温泉古来

---

① 参考潘佳琪主编《樟旗新叙》。

即声誉闽中,王应山《闽都记》记载:"龙湖山在九都……其下有温泉焉,四时不竭,号汤泉山。"温泉是闽都的一块招牌,福州人对汤池有特殊感情,一些文人更是题诗赞颂、抒发情感,仅《福州温泉志》就有不少相关诗文。[①]因此,这天赐资源成为双龙村一大特色,以至于很多福州人把它叫作"温泉村"。

双龙温泉史话,可从唐代说起。双龙温泉在唐代时就被发现,但那时并未利用起来,南宋参知政事陈韡告老返乡后,修建了双龙温泉澡堂。传宋代理学家朱熹也曾在此沐浴,并写下"沂水春风"。清嘉庆二年(1797),当地作《龙湖陈氏泥路碑记》时将朱子题字"沂水春风"记录其中。元朝至大元年(1308)陈德宝迁此后,将其开辟为天然露天浴池。

"沂水春风"这4字让人联想到孔子与他学生的一段趣事。当年子路、曾晳、冉有、公西华侍奉孔子而坐,几人畅谈理想,所言皆不同凡响,而孔子最欣赏曾晳之语。曾晳说:"莫春者,春服既成,冠者五六人,童子六七人,浴乎沂,风乎舞雩,咏而归。"他的理想是在暮春时节,与几个成年人、几个少年到沂水游泳,上舞雩台吹风,而后一路清歌归去。这是一种和乐的理想社会,也是历代仁人志士所向往、追求的目标。

《龙湖陈氏泥路碑记》中所说的那条路是当时龙湖交通要道,热心乡邦公益事业者,在修好路以后,又"构亭岭上",并勒此四字于石,我想这是出于缅怀先贤遗风的情感,也是对双龙温泉的一种宣传。当年这个故事应该远近皆知,过路者看到石文,就会联想到这里的温泉。自古以来,很多游客慕名前来感受,龙湖山汤泉遂促成码头繁荣景象。这段赐予是福分,或许这里可以借用福建经学大师、藏书家陈寿祺的一副"福龙泉"联来说明:

---

① 福州温泉志编委会:《福州温泉志》,福州:福建科学技术出版社,2001年10月版,第147—155页。

"邦基书院"石碑

泰山府

非福人不能来福地；

有龙脉才会有龙泉。

这里有龙湖八景，传为朱熹命名，分别是：沂水春风、虚台夜月、长江渔唱、盘石春云、潦岑樵歌、芝岩瀑布、雁湖晴雪、飞来燕石。

正是这样一个坐落在大樟溪沿岸的小村庄，让居者安逸、来者流连。细算起来，我到这个村庄三次。第一次是到兔耳山游玩，当时是漫无目的行走。第二次是要写《闽侯书院》一书，于是到村中寻访当年的古书院。书院是文脉传承的载体，体现了一个村庄、一个家族的文风，古书院虽已不在，但它仍是村人引以为豪的一段历史。我想，今后若能建设乡村博物馆，复建榕江、邦基书院，定会有助益于乡村文旅。

·南屿镇

过水西林

　　闽侯南屿南旗村"水西林",这个地方我前后来过几次,感受时有不同。有时我希望它一如过往地平静如水,保留那份静寂;有时又希望它能接纳八方来客,同赏水西林盛貌。

　　村庄地处北屿,古时林氏一族在此建屋营居,一说源于旗山锦溪之水流经北屿而转向西流,所以名其村为"水西林"。水西林是自然村,今天也是一条历史街区。街区中的明清建筑群享誉八闽,正如当年林氏人物之声名。林氏人物风华,至今依然为世人榜样,如林之奇、林春泽等。位于水西林130号的"水西林氏宗祠",始建于宋绍熙二年(1191),其中的楹联、匾额无不在诉说着昔日辉煌,宗祠正门联云:

水西林氏宗祠

闽侯村落行记

七省经略功垂福泽；

三世琼林德衍家声。

南屿镇文化底蕴深厚、人文兴盛，域内有"全闽二绝"之旗山。然而，长期以来人们专注经济，志不在史，所以那一祠、那一堂，又某楼、某塔的历史不被传述。市井之中，人们容易忽略那些值得回味的历史，就算是这个"名人之乡"也不例外。

林春泽故居

这条明代古街的建筑多是文物精品，出自能工巧匠之手；从整体古厝布局，到横梁、斗拱、墙上彩绘等细节，无不令人赏心悦目。从南屿镇政府旁一条小路进去，一排古建筑映入眼帘，全长约500米，一字排列6座古民居，2座祠堂。水西林最著名的人物当属林春泽，他的故居位于古街南端，故居前"六朝大老"横额十分抢眼。所谓"六朝"，指的是他历经成化、弘治、正德、嘉靖、隆庆、万历六朝。

在古代，仕途是读书人最好的"出路"。士人"学优入仕"，继而光耀门楣，此世人皆以为荣，这是古语"万般皆下品，惟有读书高"的真实含义。水西林林春泽一门在明代正德至嘉靖的50年间，父子孙辈连中进士，科甲蝉联。林春泽寿逾期颐，活了104岁，如此长寿，确为少见，明人刘伯渊说："明士大夫登百岁者，林春泽及伯渊二人而已。"古街中尚留"人瑞坊"一座，形貌古朴，此坊又名"父子孙孙世进士坊"，是明万历皇帝下旨赐建，坊建成的时候，林春泽已年过百岁。

林春泽与城门濂浦（即林浦）林炫为明正德甲戌同科进士，又同朝为官。一日正德帝上朝呼"林卿家",两人同声应之。为日后呼唤无讹,正德帝按濂浦、北屿在福州所居方位,将两人分别呼为"东林卿家""西林卿家"。濂浦林氏亦名门望族,有"七科八进士,三代五尚书",在家祠题联云:"进士难,进士不难,难是七科八进士;尚书贵,尚书非贵,贵在三代五尚书",以显示荣耀。水西林氏也不甘寂寞,遂以"进士贵,进士不贵,贵在父子孙孙登进士;百龄难,百龄非难,难于夫妻双双过百龄"题联祠内。①这则民间传闻未知起源何时,真实性也难考证,但人们津津乐道。

无论如何,林春泽的一生是让人羡慕的,包括他的村居生活。清林枫《榕城考古略》载:"明知府林春泽宅后有八景,极林居之胜。"民国陈衍《闽侯县志》亦载:"锦溪草堂在旗山,北屿人瑞翁林春泽归老饮酒赋诗处,有竹斋、石筠亭、茂对亭诸胜。公早岁喜称诗,与郑善夫、方豪、张诗等唱和,晚喜读《易》,超然默契,以故神日旺而筋力不衰,年逾期颐,杖履登陟,矫健如少年。"当年,这位老人告老还乡,此地一度成为诗友唱和场所,文人们畅叙幽情、舒展怀抱,留下佳话流传至今。如今置身其地,静读文献,仿佛穿越当时。

能在这样的"大厝"生活是奢侈的,对于他们自身来说也是如此,所以古人诗咏所居,或描述居中雅集,或为居处命景、作文之例不在少数。林春泽也曾写过《锦溪小筑山堂成次韵答林处士》《同董山人游锦溪》等诗以抒发自适之情:

> 野人寄傲丹邱顶,小结茅茨四五间。
> 陶令新栽彭泽柳,庞公归隐鹿门山。
> 松风涧水声萧飒,溪友园翁日往还。
> 老我余生藉棘冈,岩扉霄汉坐中看。

---

① 曾江:《翠旗南屿》,福州:海峡文艺出版社,2023年版。

> 锦溪山上翠微巅，归晚山堂自昔年。
>
> 洞口老松俱偃盖，庭前翠柏已参天。
>
> 登丘聊饯风云志，扫榻高歌伐木篇。
>
> 莫道韶光今欲暮，桑榆春暖更堪怜。

南屿地区有古语云："南屿多商贾，北屿多文人。"关于水西林的诗文还有很多。山水之于文人，增添其逸性；而文人之于山水，亦多能发掘出一段难以言说的气韵。

明代文人郑善夫来到这里，面对清丽景色道出"共有烟霞想，言过水西浔"之感慨。或许今人难以像古人一样对事物静心观照，但走进历史故地，怀想古人行迹，或许能远离喧闹的现代社会，获取片刻宁静，从而学会放慢生活节奏。有人说"山水乃地上之文章"，那么这样的风景就是一篇美文，读过它的人，心境明澈，胸襟开阔。

村里有一块"拙斋书院"的石碑，但不留心是看不见的。当年林之奇上京赶考途中，因挂念家中老母无人照料，便决定返乡侍奉。《宋史·儒林传》云："行次衢州，以不得事亲而返。"这件事现在看来不可思议，但在遵循儒家文化、力倡孝道的古代社会中，当在情理中。林之奇返乡后，为谋生计，在家中教书谋生，并以其号将书院（讲学处）名为"拙斋"。他爱亲之心胜于功名利禄，名声日远，求学者接踵而至，据说朱熹、吕祖谦也慕名前来。对着这块石碑，我遥想当时课读场景，伤古情怀从心底生发，遂作《过水西林》以自遣：

> 南邑鸣钟入远山，拙斋课读咏歌还。
>
> 奈何颜貌经多世，惟有冰轮照碧湾。

2009年11月，古建筑学家罗哲文来这里考察，说："水西林明朝古街，是全国少有、南方仅有的明朝官家府宅。"古代社会等级制度严明，建筑规模与主人身份要相匹配。古建营造遵循"适形而止"原则，不能逾

·南屿镇

旗峰林公祠

水西林历史街区

越礼制与法度。对于历史研究而言,水西林古街是不可多得的实物资料,因其乃明代南方宅第建筑实证。古建是文化标志,是时代回忆,我们通过建筑规模、构件设计及布局等可窥见一些时代信息,如品级、门第、家族等,而人物情怀、志趣、理想等也能从中窥见。诚然,建筑呈现了历史与文明,这一真实而又具体的实物,向世人展现了居住者的一生。林徽因说:"中国建筑为东方独立系统,数千年来,继承演变,流布极广大的区域。虽然在思想及生活上,中国曾多次受外来异族的影响,发生多少变异,而中国建筑直至成熟繁衍的后代,竟仍然保存着它固有的结构方法及布置规模;始终没有失掉它原始面目,形成一个极特殊、极长寿、极体面的建筑系统。"①想到此,不得不再次赞叹水西林给历史留下的这份杰作!

水西林特色历史文化街区自南至北依次建有旗峰林公祠、林春泽故居、林应宪故居、林应亮故居、林如楚故居、次峰林公支祠(世德堂)、林如楚长孙宅等建筑,但我最想介绍水西林中的一张"风俗画卷"——茂林乡社。它始建于宋代,俗称"土谷祠",一说是南屿镇内现存唯一一座供奉土谷神的专祠。

魏了翁、方回《古今考·续古今考》卷一一"广社稷考"云:"民间乡村,有社无坛,有屋谓之社屋。二社所祀,谓之社公。承平时,父老村民酿酒为社,欢呼歌舞;城市坊巷亦各有社、有祀,有分酢之饮,而百戏之社、祠神之社,无不有社公之名。"可见社神一直是中国古代村落最为常见的神灵。相关史料又载:"社日,各率一二十人为一社,屠牲酾酒,焚香张乐,以祀土谷之神,谓之'春福'。"人们祭拜土谷神,求保佑丰收。然而这个曾经举国上下十分普遍的祭祀活动,在今天已经比较陌生。"社"为土神,"稷"为谷神,农业社会中此两者为人们生存根本,故地位崇高,乃至古代社会以"社稷"代指王朝。有研究认为:"土

---

① 林徽因:《清式营造则例·绪论》。载于梁从诫编:《林徽因集》(美术、建筑),北京:人民文学出版社,2015年8月版,第85页。

地既为百谷之所出、人民之所立足，饮水思源，土地自当为人所敬重，而社稷之祀正是我们老祖宗崇功报德的表现，故社稷之祀在我国可谓源远流长，社神的重要性更是无可取代。"①

当地《重修土谷祠记》石碑载，此祠前乃南屿先民林、陈、彭、柳、薛五姓临江共祀之神社。据《水西林氏族谱》载，林之奇、林士衡等为了习俗岁时礼祀，先和陈、彭、王姓人在临江境联合建祠，后林氏

茂林乡社

别立祠于中安境。明嘉靖戊午年（1558），林春泽又独资另择现址建造新祠，始称"茂林乡社"。现存茂林乡社石匾，即林春泽亲题。林春泽《茂林乡社祠志略》载："吾林中安境旧祠建于使亭山之右隅，以祀土谷之神也……是举也，上以崇社稷而承先志，下以完风气而获宅居，将有协于神人之胥庆者，乃画为茂林乡社，而境号仍称中安，不敢忘初也。"该建筑于清光绪年间重修一次，1954年被易作粮仓。2001年，林氏族人集福金予以全面修复。茂林乡社的存在，与祭祀社神这种传统的继承，源自族人敬畏大地、尊崇祖功的心态，也得益于闽侯县对历史文化的重视。水西林明朝古街于1989年3月被列为县级重点文物保护单位。2013年，水西林古建筑群被列为福建省第八批省级文物保护单位。

历史街区浓缩时代精髓，沉淀地方古韵。福州各个历史文化街区呈现出不同的面貌与特色，三坊七巷、朱紫坊、上下杭等在文献整理和文

---

① 丘宜文：《从社神到土地公——以平镇地区伯公为中心的考察》，台北：文津出版社有限公司，2010年9月版，第56页。

水西林"人瑞坊"

化宣传方面都做得较好，成为福州的一张张靓丽名片。南屿历史文化研究会林豪生等人编辑的《水西林文史资料》，已经印刷了好几辑。第一辑收录了林之奇、林春泽、邓原岳、陈荐夫、林如楚等十多位历史人物诗，很好地保存了资料；第四辑为《林春泽诗词专辑》；第九辑点校了林之奇《拙斋文集》。在"水西古韵"系列中，也收集了很多水西一带的资料，如《水西古韵（一）》收录了关于林之奇的研究资料，《水西古韵（二）》汇编了有关林春泽的介绍文章、传记、寿序、墓志铭等资料。水西林历史文化街区可挖掘、宣传的内容还有很多，相信如编写一本《水西林历史街区史话》，定能为街区宣传、古建筑活化利用等提供可资参考的文本。

·南屿镇

诗意在尧沙

进入现代,许多村落遗迹都随社会发展而消失不见,古时影迹虽不能重现,但过往历史却可追寻。

尧沙曾经名为"垚沙",因地出蟟蛤,故称"蟟沙",又因此处沙洲旷远,遂又作"辽沙"。尧沙几个自然村的名字极具诗意,且都蕴含着特定含义——月山、浯江、桐叶、榴花。

如今的"月山"藏在唐氏宗祠中。

这里因平地向外凸起小屿,形圆如月,故名月山。大概是山形水势缘由,前人又生动地比喻这里为"半月沉江",于是又多了一个地名,叫"月屿"。宗祠中暗藏的那块岩石形如日月,故俗称"日月岩"。尧沙地脉为双龙夹气,龙气尽钟山,面向浯江,水域回绕,而祠堂背枕此岩,祖龛

尧沙洲

闽侯村落行记

尧沙唐氏宗祠

坐于日月岩之上。这块凸起的岩石能被保留下来，要归功于祠堂的兴建，否则可能已深埋地下。

在乡村中也许很难从某处古民居中读到过去的历史，但祠堂作为神圣之地，细读终不负所望。祠堂中匾额高挂，记录着唐氏族人俊彦辈出的历史，以前是这样，现在依然如此，无怪乎近年这个村被冠以"学霸村"之名。或许，这是拜这块岩石所赐，因村人认为"月山"是唐氏族人风水所在。

浯江，如古人笔下如画之诗，深富意境。虽说旧迹多已消失不见，

·南屿镇

浯江

但静读文献，略可窥见当年风貌。如王应山《闽都记》中有对浯江的简短记述，读之使人心旷神怡："岐头山在七都大象山之东。峰峦奇秀，上有仙人石，下横长江，名浯江。山半俯瞰清流，有矶石临水，号'醉渔'。又有'悬钟'石，下悬浯江，其形如钟。"

明代著名学者谢肇淛曾到过这里，并留下《浯江泛舟》一诗：

浯水溪边钓艇闲，江云片片逐朝还。

秋风秋雨无情甚，吹暗千山与万山。

还有徐𤊹的《浯江夜泛》，也渲染了这片地域，使浯江的意境更为

尧沙村古民居

清寂：

> 云里鸡鸣野渡喧，寒潮催月上江门。
> 夜深不辨前山路，数问舟人到某村。[①]

古代文人多善于命景，凡山川水域一经品题，便有不同。关键的是，他们的诗文留住了当年景观，如果没有这些作品，可能就难以猜想村落前生。

浯江胜景，起人清思。前人闻名而来，借此自然风光以添置案头山水；今者劳作之余也借一江之水，以遣散忧愁。古时，在浯江之滨有文昌宫，唐氏文人多在此读书、吟咏；有丽泽桥塔，登塔可见沙鸥翔集；有浯江楼，适可临碧波遣怀。更有寻山庵、耕隐亭，是明参政唐瀎别业，《榕城考古略》载："瀎少耕作负薪，自资起家。历官登莱参政，晚归咏其中。"浸润于唐诗、宋词之古人，总是在人生旅途中追求这种人文栖居，也频繁地记录着对惬意生活的感受。

桐叶，蕴藏典故，即"桐叶封弟"。

周朝时唐地在汾河东边，方圆一百里，当年周成王与其胞弟权虞玩耍，把桐叶剪成玉圭样子，对他说要封地于他。史籍载："周以桐叶封叔虞于唐，子孙因为氏。"于是，唐氏后裔就记住了这件事情，作为唐氏源流的一段追溯。

榴花，即石榴之花，其树花果并丽，且寓意美好。

韩愈有诗云："五月榴花照眼明，枝间时见子初成。"而对闽中唐氏而言，榴花是一个家族文化符号。相传，当年唐绮元帅府邸中种有数株石榴树，花果红艳，王审知就称唐绮为"榴花唐"。清《尧沙唐氏族谱·源流序》等资料追溯这段历史，写道：唐绮初从王审知幕府，"尚未著绩，后辄有功勋，因拜公开国昭义大元帅"，"子一，曰润泽，封如父官，

[①] 参见尧沙唐氏宗祠理事会编《尧沙晋阳唐氏入闽大事汇编885—2015》。

闽侯村落行记

玄帝亭

后以官为家,居省会之鳌峰坊。屋有大石榴,人号石榴唐"。

闽侯文人,对尧沙应不陌生,《闽侯名人故居》一书就收录了唐大基、唐钺、唐仲璋等人的故居介绍,[①]《闽侯民俗》也收录了尧沙村的独特民俗活动"唐氏驮猪"。[②] 对我,这个地方既不熟悉,也不陌生。在考察村落那天,尧沙唐氏宗祠负责人以及南屿文史专家柳振土老先生,带我参观了几个地方,讲了几段故事。

尧沙,曾经环庐皆水,临水而居者,应能感受到那番意境。倘若近看村中江流,或在高处俯瞰那片尧沙洲,也似可遥想当年清景。我觉得,如今的尧沙村最能兴起诗意的,当属玄帝亭边的那个古渡口,当年那里行客如云,如今一切如云般消逝……

---

① 中国人民政治协商会议闽侯县委员会,曾江、陈晓峰、林展飞:《闽侯名人故居》,福州:福建美术出版社,2005年7月版,第94、106、126页。

② 中国人民政治协商会议闽侯县委员会,林展飞:《闽侯民俗》,福州:福建美术出版社,2022年12月版,第74—75页。

上街镇

寒山寺龍碑廊

·上街镇

漫说蔗洲村

映日村中景亦奇,
桥边随处见垂丝。
临窗入眼皆黉舍,
笔墨新开满砚池。

这是我调研蔗洲村的感受,也是这个村庄留给我的第一印象。

蔗洲村辖有蔗洲本村及姆佑里、竹洲、岐头港、下洲、蔗洲港等自然村。东至厚庭新洲村,

蔗洲古厝

闽侯村落行记

西靠旗山东麓,南与马保村相邻,北与建平村(董屿)相接。近几年闽侯加大开发力度,建设许多新的旅游景点,也提升、改造了许多旧公园,这些变化是日新月异的,种种措施的最终目标是使百姓满意度、幸福感更高。我认为蔗洲村是闽侯村落近来发展的一个典型,俨然为旅游村,远近闻名的旗山湖就在该村地域范围中。

旗山湖公园园区总面积为125.1万平方米,其中水域面积为70.8平方米,绿地面积54.2万平方米,是目前福州地区兼具时尚水利与景观的第一大绿色生态湖,成了大学城重要的通风廊道。作为大学城中心共享区,旗山湖公园周边共有14所高校,其中福建师范大学、福建理工大学、福建师大协和学院、华南女子学院都落户于蔗洲村,使这里充满了浓厚的文化气息。

蔗洲村景

蔗洲村人拼搏、上进的精神也正如这几年村中突飞猛进的变化一样。写到此,我联想到这里的"龙舟俱乐部"。龙舟竞渡是一种体育竞技活动,也是民族文化表现形式,蔗洲村龙舟竞技者总能团结一致,乘风破浪,奋勇向前,在他们的身上体现了以爱国主义和集体主义为核心的民族精神。福州龙舟历史悠久,文化底蕴深厚。这个村庄的龙舟屡获荣誉,如2013年闽清县橄榄杯传统龙舟赛冠军，2014年福州市全民健身运动会传统龙舟赛第二名，同年又获得世界龙舟大赛传统龙舟亚军……我想今后这支龙舟队也会获取更好的成绩。

如今，时代又赋予这片土地新的文化内涵。旗

龙舟厝

龙舟竞赛奖杯

龙舟头

山湖中新建好几座桥梁，这些桥属于大学城，属于旗山湖，也属于蔗洲村。琴南桥、宗濂桥、力钧桥、琴雨桥、静笙桥、家显桥、冰心桥等，桥以人命名，这些名人都与当地高校有关，既是为了纪念历史名人，更是倡导榜样力量，以此激励当今学子。

村中还有一座似乎与周边景色格格不入的旧桥。这桥将近百年，今桥身已断，可它牵连着这座村庄的古今。不知道当年的蔗洲生活是怎样的一幅画面，可能还存留在当地老人的脑海中吧。今天到旗山湖的访客，看到那些遗留——太颐宫、张氏宗祠、李氏宗祠、古树、古民居……或许

闽侯村落行记

蔗洲村一景

能追寻到些许往日的村庄印记。

  太颐宫寄寓着村民的情感，庙宇始建年代不知，但庙前两棵古榕可以窥知一些年代信息。老树根脉深固，榕荫密布，村人介绍说大约有670多年。另有一则传说记录了太颐宫由来：古时蔗州水患频发，某日从上游飘来一尊太子神像，太子神骑白马，面容俊秀，村民称之为"流太子"，后来逐渐演变为"刘太子"。自那以后，村中再也没有发过大水，村民为感念其护佑之恩，于是立庙奉祀，后来得到官方认可，便有了"玉封刘太子"之名。庙宇香火不断，旧日里，很多村人将心安于此，也向神明寄托美好祝愿。此民间信仰也流传广远，庙中"扬名中外"匾额正是信众遍布

太颐宫

旧香炉

河洲境玉封刘太子灵签

庙中神像

的一种证明。庙中尚留不少古物,如悬挂在墙上的签谱、香案上石制香炉等物品,虽没有文献记载,但都是庙宇历史的遗留。

村中故事很多,我在一本书上看到关于村人打虎,将虎皮加工后存入太子殿,并于每年九月开堂取出祭神的事情。① 这样的故事在福州民间庙宇中并不多见。关于庙宇宫观,还必须说的是宝积寺。这座寺院承载着深厚的宗教文化,也是研究闽

唐代石柱

---

① 参见蔗洲村张氏族谱编纂委员会编《蔗洲张氏族谱》中"老虎咬的故事"。

闽侯村落行记

灵芝山笔墨砚石刻

侯当地历史的实物资料。据相关史料记载,闽侯上街蔗洲灵芝山宝积寺始建于南宋庆元年间,一说始于唐贞观年间。这座寺院的兴建体现当时佛教文化在闽侯地区的传播与发展。如今寺院建筑规模较小,但保留着当时寺中僧人所制的"笔墨砚"石刻。石刻尚存"清壬子年夏,僧智灯立"等文字。

在太子庙后面,是蔗洲村古建筑群。77号古厝,建于清代乾隆年间,占地面积约691.2平方米,整体由主座、两侧的披屋及后天井两侧的梓院组成,正座面阔五间,进深五柱。主座和披屋为清中期建筑,梓院为民国时期建筑。70号古厝,始建于民国时期,占地面积约572平方米,坐南朝北,主座面阔三间、进深五柱,主座前檐下四出挑檐斗拱,轩梁梁架上设有狮子驼墩,各屋檐下二出挑斗拱配蝴蝶斗、宝相花斗,二梁内侧配一根六角形朱漆灯杆,表层贴有福寿图案金箔,寓意生命绵延不断。54号古厝,始建于新中国成立初期,由主座、披屋及前后梓院组成,整体呈现为"器"字型布局。前后梓院围以主座及披屋,形成前低后高的样式,反映出当时的郊野民居样式。如今这些古厝都进行了充分的"活化利用"。

蔗洲村这块地原先都是海洋,后来演变为沙地,因有利甘蔗种植,

蔗洲张氏宗祠

蔗洲李氏宗祠

甘蔗成为村里主要农作物，村落也因此得名。约在600年前，谢氏先人迁此居住，这里也因此称谢洲境，后来他们全部迁到马保村。到了明代嘉靖年间，张氏一族迁来，并在此繁衍生息，如今村中大半姓张。《凤池蔗洲张氏族谱》记载："蔗洲张氏始祖阿英公约明朝期间由永泰月洲辗转到蔗洲定居。"大约在同时期，还有李氏、姜氏、吴氏等也在这里定居，他们一同成为蔗洲的第一代开拓者。

古榕树

从海洋到村落，再到姓氏群居，直至如今旗山湖的规划格局，此中历史决定了蔗洲村不是"传统村落"或"历史文化名村"，但从福州乡村变化层面上，它有一定的代表性和典型性。留住乡愁是当下亟待研究和解决的课题，但乡村发展也要服从于社会建设需要。在这一点上，蔗洲村是这么做的，且这一次变迁，也融合得很好。

闽侯村落行记

厚美村记忆

厚美村清同治年间举人张钟乔撰有一副对联：

川为地脉所通，源远流长，里名畴川，川不息；

寿乃人生之福，民康物阜，境号延寿，寿无疆。

这副联点出了厚美村曾经之名——畴川。

联中有"福、寿"二字。儒学经典中就有"福""寿"的记述，《尚书·洪范》中所言"五福"被视为福文化理论源头。文云："五福：一曰寿，二曰富，三曰康宁，四曰攸好德，五曰考终命。"孔颖达《尚书正义》疏解云："一曰寿，年得长也。二曰富，家丰财货也。三曰康宁，无疾病也。四曰攸好德，性所好者美德也。五曰考终命，成终长短之命，不横夭也。"南宋理学家、文学家林之奇对"五福"之说，也提自己的见解，他将"五福"由"一人之身"，推衍至"天下之人"，放眼天下国家。我想厚美张家所谓之"福""寿"，

环翠楼书院

是实现大我,而非小我,此"寿"是永恒的意思。

至清光绪年间,这个村改畴川为"厚美"。"厚"者,德性之淳厚;美者,意寄"里仁为美"。《论语·里仁》:"里仁为美,择不处仁,焉得知?"在为村命名过程中,厚美先民表现出了高度的儒学文化修养,这是值得一书的。

厚美村极其重视文化与文化传承,这一传统保留至今。张氏家族曾创办书院,招收本乡及邻乡稚童入学,这无疑是惠民之举。清嘉庆年间,张淑显筹办私塾"环翠楼书院",当年书声琅琅,在福州地区也颇有声望。这个书院也是厚美村方圆几十里兴学的滥觞。书院所教导的儒家思想也渐渐转化为张氏族人世代相守的家风。

村中保留有不少历史建筑、古迹、遗迹等,如垵井、洪洲井、练武石、旗杆夹等;淑显故居、大本厝、张哲故居等古厝均完整保存;宫观庙宇如将军庙、灵通寺、太保庙、白云寺等亦存续至今。厚美村民有着较强的文物保护意识,早在20世纪60年代,张家就成立了保护管理祖屋理事会。近年,他们又编写了《厚美村史》和《张元奇传》。

大本厝在福州可谓远近闻名,《南少林》《台湾第一巡抚》《少年林祥谦》《少年侯德榜》等影视剧都曾在这里取景。这些古厝都有着很高的艺术价值,保留了晚清至民国时期传统民居的风貌。而古厝背后的

古民居"三座里"

淑显故居

闽侯村落行记

村中古厝前的旗杆石

故事,沉淀升华成了古厝的内涵,古来张氏历史名人的事迹与修为汇聚成"古厝精神",孕育了一代又一代的厚美村俊彦。古建筑是一座古村历史生动的展现形式,村里的名人事迹是可以让后人不断讲述的一份荣耀。村落中的民俗活动与传说轶闻,也是村史的构成部分,且这两点于村民而言也最为熟悉、亲切。

张氏祠堂后边有棵大榕树,旧时张氏祖先还会在树下举行祭拜树神仪式。据说凤池张氏先祖迁来时,它已是参天大树,那时张氏先祖从水路过来,还把船系在树上。不论这故事是否属实,它都是属于这个村庄的"独家记忆"。

大本厝

到村中调研,要说印象最深刻的,必是镇闽将军庙。也不知是自己小时经常在神庙中玩耍,还是什么其他原因,总之庙宇对我而言,总有一种难以言喻之感。庙中很是清静,在昏暗的光线下,我看到几位老人在那里闲聊,想必他们已经看惯了墙上的古典故事彩绘,以及楹柱上的民国联句。我这次访庙是为了了解"跑将军",这是厚美村特有的民俗活动。

据资料记载,农历二月二是厚美"游境醮节",将军庙在这天会举行大型祭祀活动。入夜,庙中神灵("保境大王""天上圣母妈祖""汉镇闽红面将军")坐软轿巡游全村,接受村民祭拜。巡游结束后,即开始"跑将军",三尊神灵金身由信徒抱着跑回将军庙,以先坐上神位为胜,以期获取福运。举行这样的活动,是为了祈求全村平安顺意。笔者无缘一见,今录一则记载如下:

"信众抬神像出游,待队伍游到下厢最后一家时,各团队成员急不可耐,迅速从软轿中抱起神灵金身,按既定路线,一路狂奔,接力传递,穿篱笆,越池塘,个个奋不顾身,拼命跑回将军庙,神灵金身坐上神位……'跑将军'场面十分壮观,其

将军庙

竞争激烈程度更胜端午节赛龙舟赛事,引来周边各村信徒驻足围观,盛况空前,热闹非凡。时至金鸡报晓,'跑将军'活动方告结束。"①

将军庙内景

文章开头引用的那副对联,如今还镌刻在镇闽将军庙中,"跑将军"以及厚美村的其他民俗活动寄托着村民的美好愿望,也寄寓着"福"与"寿"的美好愿景。

---

① 详见《厚美村史》编纂委员会编《厚美村史》第十三章,传统民俗篇,福州:内部印刷,2020年12月,第244—245页。

·上街镇

侯官村今昔

明代礼部尚书曹学佺《游侯官市》诗曰：
　　解缆已更市，榜歌犹未残。
　　镇村垂桔庙，拍水漂麻竿。
　　日泻帆光淡，江澄塔影寒。
　　驿楼经再宿，亦觉别情难。
明孙昌裔《侯官市夜泊》诗云：
　　纤月青山外，芦花白雁边。
　　宵光看野烧，人语隔江烟。
　　潮落河流浅，天低象纬连。
　　渡头谁击柝，愁煞木兰船。

侯官江景

闽侯村落行记

来到侯官村，会被它的景色所吸引，特别是那片江。从古至今，这片江流寄托着无数人的情思。旧时这里有渡口，远近之人对它并不陌生。诗中描绘的"侯官市"画面，使人遐想无尽，但在这两首诗问世前，侯官已经历了很长的历史。说是千年古村，绝非过誉。

镇国宝塔

盘点村中古迹、文物，有城隍庙、镇国宝塔、汉镇闽将军庙、螺女庙、龙台石塔遗址等。镇国宝塔俗称"护镇塔""浮镇塔"，五代闽国时期建，为七层方形楼阁式实心石塔，由须弥座塔基、七层塔身和塔刹等组成。龙台石塔位于龙台山，该山位于侯官村东向，与赤塘山并峙，系福州市第一批名山保护对象。石塔建于唐贞观五年（631），后毁于日寇炮火。20世纪70年代，石塔遗址被盗墓者破坏，大部分文物已散失，唯有一座

螺女庙

阿育王铜塔被追回，现藏于福建博物院。除了这些文物，村中一些历史建筑也不能忽略，如曾经的上街镇船舶管理站、闽侯县侯官运输站、闽侯县榨油厂、供销社、闽侯县酒厂、上街乡纸厂、农具厂、竹编厂、邮局，

以及古民居等,一说有24栋。① 时过境迁,侯官古韵犹存,今日虽已不见当年那嘈杂场面,但阅读相关文献,曾经过往即溢于纸上。那段岁月也深藏村中古民居,不知多少代人在此老去。他们曾经出入街市,一种闲情,自是他人所不能体会。

汪征鲁、陈劼著有一篇《"侯官"考》,文中缜密分析侯官地名由来和它的蕴意。此一词历经千年演变,"侯官"初作"候官",为两汉军事组织中官职,汉代西北地区行政、军事管理机构曾设有"候官"一职。后来逐渐演变为福建地方"别称",再后来又特指福州、兴化二府。至唐武德六年(623),置侯官县,当时侯官县治即设在侯官村,于是这里成为福州政治、经济、文化中心和水系交通重要枢纽,这段历史长达160多年,我想应该是侯官村人心中最引以为傲的一段历史了。王应山《闽都记》载:"侯官市,古县治也。唐武德六年,置县螺江之北。贞元五年为洪水漂没,观察使郑叔则奏移入州城,遗民廛居,城市里社巍峨,有石塔临于江滨,其山名龙台,与赤塘山并峙。"揭示出唐代侯官县治兴衰。宋时福州十二县,侯官县仍是重要区域,虽县治迁移他地,但依然繁荣,《侯官县乡土志》记载:"侯官市杂姓四百余户。"至1913年,闽县、侯官合并成为闽侯县,随即侯官市改为"侯官村"。至此,侯官历史与文化慢慢淡出了世人

侯官沙滩

---

① 陈晖:《侯官村发展文旅产业的思考》,载《福州党校学报》2023年第5期。

闽侯村落行记

侯官水闸

视野,庆幸它作为村落名称,保留至今。历史上"侯官"地域几经变化,现侯官为村一级建制。由于一些历史原因,所以今天侯官正确读音是"候官"。

龙舟俱乐部

侯官历史曲折,庆幸有人为之钩沉文献,才得知其大体样貌和变迁过程。

2020年10月,福州市党史和地方志研究室副主任叶红写就《千年侯官村》一书,书中叙述了该村历史沿革、历史文化、民间习俗等,她写道:"侯官村是一座古韵流香的村落,人文景观丰富,山美水美,民风淳朴。它似一幅天然的山水画卷,浮于荡荡碧水之上、藏于森森古樟之中,的确是人们观光游览、寻古探幽的好去处。"随着一系列宣传报道,侯官如今成了旅行者的"打卡地"。近年来随着"侯官文化"的宣传,这个古村落再次被人们关注,吸引着人们去探索、挖掘其历史底蕴,讲述侯官村的文化故事,去重新阐释侯官精神。

交通是一个地方发展的重要条件,交通优势可以促进地方发展,使其成为商贸重地,呈现"潮回画楫三千只,春满红楼十万家"的盛况。因为是交通要地,所以这里也渐渐人烟辐辏,成了侯官市。先前,侯官村分为上市、中市、下市、过洋厝、后门厝、塍岸、芝山、港里、凤岭9个自然村,新中国成立初期,凤岭自然村全体搬迁到中市居住。至2018年,侯官村辖有上市、中市、下市、

龙舟厝

俯瞰侯官村

闽侯村落行记

侯官江景

侯官古街

过洋厝、后门厝、塍岸、芝山、港里8个自然村。① 我想，村民心中一定留有不少关于侯官历史文化和民俗风情的记忆吧。

若是有人讲起往事，他们一定会讲到这一条江和这一片水，所以村里有句话说："侯官人都是喝码头水长大的。"这里的水养育一方之人，也映照了侯官景胜，使之多了一份清逸。某夜，我到侯官村调研，夜色清凉如洗，情不自禁写下《侯官夜》：

行舟泊江渚，闾肆散千家。

烟树摇澄练，寒山笼碧纱。

侯官村每十年的逢甲"普渡"是当地最具地方特色的民俗活动。从农历十月初十到十月十五，当地村民要实行"斋戒"。"普渡"最后一夜是城隍出巡，队伍热闹非常，喧嚣竟夜。

城隍庙是县治的一个"标配"，也是县治所在地的重要佐证。城隍庙若从初建时间算起，距今已有近1400年历史。据清道光二十一年（1841）《重修城隍庙碑》记载："吾乡之祀城隍也，自唐武德中置县而始，厥后

---

① 黄凯端：《侯官村的历史文化传承与变迁》，载《福建史志》2020年第5期。

·上街镇

城隍庙、祖殿将军庙

侯官古厝

县有治。贞元初，邑改，庙仅存焉。"今庙坐北朝南，面阔三间，整个建筑面积约 1300 平方米。正面为红砖牌楼式门墙，飞檐插云，堂庑巍峨，外围风火粉墙，一片庄严肃穆。东侧与汉镇闽将军庙连成一体，更是蔚为壮观。城隍庙是村中名胜，其所在位置也颇为显眼，庙的斜对面就是侯官古街。

近年侯官村又获得了许多"荣誉"，如 2017 年被列为闽侯县"幸福家园建设"示范村；2018 年被列入省级"美丽乡村人居环境"提升试点村；2019 年被列入第一批福建省地名文化遗产"千年古镇（古村落）"名单；2021 年被评为"第二批全国乡村治理示范村"。这些都是当之无愧的，因为侯官村是福建侯官一词的历史遗存，侯官文化是福建文化重要组成部分，也是福建古代文化中最为精粹的部分之一。侯官文化保留了儒家文化传统及古代中原文化的精神内涵，蕴含深厚文化精神。广义而言，侯官文化指自古以来生活在侯官地区的各族人民，在历史发展进程中培育形成了以闽越文化为基础、中原文化为核心，融合海洋文化，拥有山海特征且独具地域特色的文化，其中蕴含"爱国兴邦""追求真理""严谨治学""首倡变革"等精神内涵和实践品格，其包含胸怀天下的抱负、民族自信自强的气节，以及刻苦发奋钻研的治学意志。在近代，侯官文化对中国文化转型发挥了积极的促进作用；而在今天，这里作为"侯官"地名及其所蕴含的文化持续发挥巨大作用。

侯官有诸多历史名人，是他们打造了博大的侯官文化，其事迹、品格、思想值得讲述、学习、传承。从闽中文教先祖阮弥之到"海滨四先生"，从林之奇到清初侯官籍名人群体，再到后来的数不尽的仁人志士，这最终构成一种博大的气象，所谓"晚清风流数侯官"。

·上街镇

沙堤村余话

沙堤村是闽侯人口第一大村，村中房屋密集。开车在村里寻找古物，有种别样的感受。村里的文物古迹比较分散，我后来在村里一位热心于乡间掌故的老人带领下，见识了五仙庙、赵氏宗祠、夕烟烈士陵园以及古桥残存等。

有人说乡村是一座活的历史博物馆，这话一点也不夸张。村里那座"大王宫"虽是新的建筑，但也终究是带着往日某些印迹，"大王神信仰"也已经延续了好长时间；庙宇建筑见证了沙堤村曾经的交通繁荣，如正门横额上书有"桥西正境"四个字，其实当年那座桥是村中的交通节点，因宫庙地处桥之西边，故名。对于村人而言，这座桥有着特殊意义，因为在古代，参加科考的或外出经商的，都要从那里经过。

桥西正境

五仙允如宝殿

福州地区民间信仰丰富，

宋桥亭

莲渚亭

沙堤翠屏桥

沙堤村亭　　　　　　　　　　　　古桥栏板

莲渚共济桥石碑

各地都供奉不同神灵，甚至一个村不同境所供奉的神明也不一样。以至于连较为熟悉神灵崇拜的老人都未必讲得清楚，因为神职系统的关系太难厘清了。村中的五仙庙在福州地区亦为少见。这座庙又称"五仙允如宝殿"，始建于清代。殿内供奉五谷仙师、元始天尊、灵宝天尊、道德天尊、观世音等诸神。五谷仙师可追溯久远，相传五谷仙师在宋朝时于湖南五灵山得道成仙，后又在竹岐东岛灵山斩妖除邪，普度众生。其事迹传颂千古，还演变为民间信仰活动。

说到桥，不得不说亭。比如莲渚亭，亭边有一条1922年的桥栏板，上书"莲渚共济桥"。还有村中的宋桥亭，旁边陈放着两条宋代古桥构件，石文云："宝庆浣募众缘结造石桥一所，元丰三年岁次庚申十月日弟子林珠舍梁一条记。"这座桥原位于大桥兜大浦河上，一说为北宋元丰三年（1080）所建，另一说则认为始建于唐代。亭因桥名，桥以亭传。

福州文史专家曾江、林展飞曾编著《闽侯古代桥梁》一书，概述中

闽侯村落行记

有一句话说得很好："古代桥梁不仅在很长的一段时间内,充当了人们跨山越水的交通要道,还和周围的自然风景一起,构成了无数令人驻足的迷人景观。它作为中国古代建筑史的一个重要的组成部分,见证了历史递进过程与社会沧桑演变,承载着历史、科学、艺术的重要信息……"①读此,就不难理解沙堤村建这两座亭的意义。

兴福寺

宋桥亭的旁边是兴福寺,始建于清康熙年间,这里曾作为战地医院用地,夕烟烈士陵园就在附近。

1949年8月,解放福州时,我军重伤病员由华东野战军第十八野战医院收治。1952年秋,该院入驻闽侯县甘蔗,下辖4个医疗所,其中甘蔗2个,上街侯官、沙堤各1个。沙堤所为第一所(俗称"十八院一所"),收容伤病员约200名。一所分设在沙堤村的佛姆厝、仕夫厝和宝和厝。危重伤病员则安置在兴福寺和祠堂内。

当日,听了相关介绍,联想到一些场景,我心中不免酸楚。返回时,我看到古寺门口的那副联:"兴古迹传斯胜景;福苍生耀我祥光。"我想这"兴古迹"是村人对历史文化的敬畏,而这"福苍生",则可以指那些英勇无畏的战士,他们将生死置之度外,塑造了一股不灭的军魂。

沙堤古称"沙上""招贤里",明代赵氏一支择地占籍而居,为沙

---

① 闽侯政协,曾江、林展飞:《闽侯古代桥梁》,福州:福建美术出版社,2008年12月版,第5页。

·上街镇

夕烟烈士陵园

堤赵氏开基始祖,此事约在明正统年间。[①] 这也是福州人将位于福州城西面、闽江南岸的村庄叫作"沙赵村"的原因。关于村名演变,村人赵汝坚在《我们的家乡——沙堤村》一文中交代得较为详细,引录如下:

"沙堤村古称'招贤里',隶属福州西门外十二都桥西境西孝悌乡,随着朝代更迭、历史沿革,于明中叶改称'沙上'。到清初,我乡文风趋盛,乡绅雅借唐故事,宰相初拜京兆,使人载沙填路,自私第至城东,

赵氏宗祠

---

① 宋室天潢沙堤赵氏西壹社修谱理事会:《宋室天潢沙堤赵氏西壹社族谱》,福州,内部印刷,2017年,第152页。

闽侯村落行记

沙堤村景

街名沙堤,村名取意《白居易·新乐府·官牛》'载向五门官道西,绿槐阴下铺沙堤',及苏东坡的诗句'新筑沙堤宰相行',意者命名取义,故而改沙上为沙堤。一直沿用至今。"

村中的赵氏宗祠无疑是村里最重要的文化遗产,也是在村落山水环境与田园风光中最具历史识别性的建筑之一。即使哪天村庄因建设拆迁等变故,村落的整体环境遭受破坏,赵氏族人也会将家族文化继续传承下去。

在离开村子时,沙堤村还有很多故事还未来得及聆听、感受,如"节保妇""三相公庙""乡厉坛"……,沙堤村目前还没有编写村史、村志一类的书籍,但他们把村里的古民居、宫观庙宇、古桥亭碑等都编在族谱中,于是一幅幅沙堤"乡村文化画卷"也得以保存。

·上街镇

溪源宫村探幽

宫观黄昏再探幽,何年风浪断溪流。

拟将烦闷投岩壑,闲看天高飞夜鸥。

那日访溪源宫村,我写下了这首《再访溪源宫》。

这确是个消夏之地,周边树木郁郁葱葱,一段溪流穿山而过,石头散落溪中,大如盆,小如豆。溪旁公路的车流量不多,马路边有两座庙宇,一座为探花府,一座是薛尊王庙,曙红色的外墙使沉寂的溪流看起来不再单调。

近溪处有一座牌坊,造型华丽,中间匾额上书"溪源宫"3字。

算起来溪源宫这处道教活动场所已有些年代,《福州府志》记载:

溪源宫村牌坊

闽侯村落行记

探花府

"溪源宫在龙潭山左。有屋数楹,祀张真人。郡人士谒梦,往来不绝。"今天宫庙的墙上挂着"闽侯县不可移动文物'三级责任制'公示牌",上书:"建于明代,清乾隆四十四年(1779)由赵壁等募缘重建,同治年间(1862—1874)重修。坐西向东,占地面积约1600平方米。奉祀三相公、张真人。牌坊式宫门内横向依次有真人殿、三相公殿等建筑。该宫是闽侯县的一座重要道教活动场所。"短短的几行文字,蕴含着悠久的历史和深厚的文化。

当地编有《溪源宫历史文化》一书,书中介绍了关于这座宫庙的传说故事,如庙神"显灵"。看似无稽之谈,但许多传说故事背后,也反映张氏一族乐善助人,喜为百姓做事的品质。

今所见宫庙建筑为后来重修,地处清乾隆年间庙宇旧址。当年的庙宇至民国时已破损不堪,1962年曾大规模修缮一次,"文革"期间被毁坏,沦为废墟,只剩下石刻、石基等。1994年起,海外侨胞和当地群众捐资

・上街镇

薛尊王庙

重建，遂成如今规模。一些资料上说，清代时杨昌范、赵壁等发动二十四境民众改建宫庙，由此可推测出当年信众的辐射面。而今捐资建庙一事，又可见庙宇的影响力不减当年。

庙宇周围颇清逸，置身其地，使人心境平和，感受古来所谓的"山水养人"。附近还有一些摩崖石刻，古刻神韵独具，新刻也有亮点。如有一方摩崖石刻，记录了福州名人郭柏苍夜宿溪源宫的事，石文写道："光绪庚辰人日，邑人郭柏苍重游旗山，宿溪源宫。长乐梁亿年书石。"这算是一段比较隐微的历史。溪源宫后山还有卢嘉锡、郑乃珖等名人题字、题诗的摩崖石刻。周边有观音清霞、一线天、玉兔赏月等景观，还有很多自然造化之遗留。

几年前我慕名而来。当时见有人戏水，亦有抓溪鱼者，想必他们都很享受这种悠闲时光。通往溪源宫的桥不知什么时候被水冲垮，故只能隔岸而望。孔子曾引《诗经》"深则厉，浅则揭"，想到此，最终我还是设法过溪。想必古人为览奇异风景,也会不畏艰难而去,何况是溪源宫这种"桃花遥辨径,流水曲通村"①的仙踪遗迹。

古代一些文人、名宦,如林春泽、王湛、王应钟、林世璧、陈椿、陈鸣鹤等,都来过这里,并留下诗句。诗人笔下的溪源宫清奇幽逸,诗句超脱不俗,其诗流传至今,但我以为从中挑出的字词也可传远,如"溪畔仙风""怪石倚云"。还有一些句子,是绝妙好联,如"百里清溪平涌月;千岩枯木倒巢云"②"偶为寻真窥涧壑;却随飞梦入蓬瀛"。③

古人心中的溪源宫是一处幽境的代名词。诗人们在这里舒展怀抱,寄托烟霞之想,抒发了对它的钟爱之情,如"愿谢风尘来此宿,倘逢鸾鹤便为群"④"即此登真境,何须觅大还"⑤。读诗使人超脱,使人内心澄澈,也使人追寻古人思想与行迹。

在众多存世的溪源宫诗中,我最喜欢林世璧笔下的《溪源宫乞灵》。

林世璧,字天瑞,系林炫长子。生平不慕举业,以诗为乐,著有《彤云集》等。他每至胜景,必发于诗。这里也是他诗意生活的一站:

> 溪源元自类桃源,别有桃花映洞门。
> 水竹远村人世隔,桑麻仍见古风存。
> 潭清好趁游鱼泳,树密时闻幽鸟喧。
> 明发又随尘迹混,不堪迢思屡飞翻。⑥

溪源宫寄托了过往骚人雅士的情感,也是古代远途行人的路程标志。古代文献中时常以其代表当地位置,如"……左近有十四门桥,过桥

---

① 明陈椿《溪源即事》。
② 明王湛《游溪源宫》。
③ 明林世璧《溪源宫乞灵》。
④ 明王湛《游溪源宫》。
⑤ 明王应钟《宿溪源宫》。
⑥ 乾隆《福州府志》卷十四。

· 上街镇

溪源宫

溪源宫溪流

五里，可达溪源宫"① "溪源宫地当冲要，为西南北数十乡出入之总汇，而东向各乡参列其前，如众星之拱北辰"。② 对于今人而言，这里也是乡人民俗活动的承载地。

不知从什么时候开始，溪源宫成了村名，当地人把这一带统称为"溪源宫"。这种现象表明了溪源宫对地方的影响，以及人们对溪源宫的认同。2019年，该村入选第二批国家森林乡村名单，这得益于自然造化，也受惠于溪源宫。

---

① 清郑祖庚《侯官县乡土志》。
② 清郑祖庚《侯官县乡土志·溪源区》。

竹岐乡

竹雨禅鐘洗客心

·竹岐乡

从半岭村经过

"一半成岭,一半成景",一些人这样形容这座小村庄。

半岭村地处竹岐乡中部,位于闽江支流小目溪下游盆地,虽地处偏僻,但因交通状况良好,故一路未觉疲惫。炎夏里,当车子驶进小村,抬眼即见群山连绵。古时这里是闽侯重要的水上物资集散点之一,经过一段时间沉寂后,如今又热闹起来。2020年3月,半岭村入选第三批福建省传统村落名录,如今它已成为福州近郊乡村旅游的亮点。

说到半岭村,最著名的当属"轮船厝",这是全省仅有的两个轮船

半岭风景

轮船厝

形态民国建筑之一。

轮船厝始建于 1937 年,历史不算长,但房屋形制却很特别。修建者岳世钦,又名岳嵩,所以老厝又称"嵩艇"。轮船厝上下两层,上层用以接待,下层靠近"船头"位置设计有池子。轮船厝的另一个重要功能是水力发电。当年岳世钦购置一台发电机,创办闽侯县第一家水力发电厂,有力促进了农业活动,也便利了周边村民生活。《闽侯县志》记录了这件事情:

"民国二十六年(1937)5月,竹岐乡上墩村岳世钦利用小目溪水流域自然落差的地形优势,开渠引水,独资创办全县第一家水力发电厂,

半岭村古街道遗存

购置1台3千瓦发电机，并安装1台木质戽斗式水碾，白日碾米，晚上发电照明，向上墩街20余家商店和部分群众供电……"①

据介绍，在20世纪50年代县道修建之前，村中小目溪一直是半岭村连接周边村子以及通往闽侯县城的水上交通要道，如今村里还保留一处古街道遗存，名为"里街"，旧民房土墙上依稀可见"上墩工商业工会"字样，这是当年繁华的一条佐证。

后来交通改变，这里便一片寂然，村里年轻人也大多外出谋求发展。苍铭等著《古村镇研究》一书认为古村落存留的原因有：一是偏离现代交通线路而保存；二是因经济发展停滞而保留；三是住所迁移或另建新村镇；四是建筑坚固而保存。② 可能半岭古村落也因发展滞缓，才得以保存。

头丁桥

村中戏台

---

① 闽侯县地方志编纂委员会：《闽侯县志》卷八，北京：方志出版社，2001年12月版，第270页。

② 苍铭等：《古村镇研究》，北京：中央民族大学出版社，2014年12月版，第54—67页。

闽侯村落行记

今天村里修了新路,一些房屋也拔地而起,但村落总体风貌仍存。时移世易,生活习惯与风俗也随之改变,曾经多数人想走出这里,如今很多人又想走进来。大约是厌倦钢筋水泥的生活,所以在经历灯红酒绿后,回归山村就成为一次心灵旅行。我则更多关注古迹文物,前几年有专家发现名儒陈北山墓就在古村中,这是要记录的。

俯瞰半岭村

陈孔硕(1151—1228),字肤仲,号北山,学者称"北山先生"。南宋理学家,侯官(今福州)人,著有《中庸大学解》《北山集》等书。初从张栻、吕祖谦游,后师事朱熹。宋淳熙二年(1175)进士。他传播朱子理学不遗余力,真德秀称赞他:"北山先生陈公,词章翰墨为近世第一,笔势遒美。"陈北山埋骨此地,但之前由于墓碑缺失,所以相关部门无法考证古墓主人。后来知道那块墓碑被村民当作井栏使用,[①]这件事才"水落石出"。只是不知当年陈北山是否在此讲学,毕竟依山傍水的环境有助于读书、修行。在闽侯,有"九寺十八庵聚半岭"之说。

福建地区多山,古云:"天下名山僧占多。"半岭曾经寺院丛集,始建于唐初的佛地禅寺位于兴化山半山腰,寺院左侧一峰如钟,右侧孤崖如鼓,故该寺亦称"三峰院"。唐贞观年间,一位游僧见此地形,不禁赞叹"此真佛土,实为天赐",此亦寺名"佛地"由来。鼎盛时期寺院占地20多亩,后不幸毁于战乱。据了解,寺中尚留千年莲花座,以及散落在附近农家的石质马槽等。那天我走进寺中,寺院周围环境极其清逸,在大殿的边上有一茶桌,在此可品茗谈禅。透过寺中内埕上屋檐,可以望见青山,确是很惬意之事。当日,我作小诗《三峰院中》,代表着我当时的感受:

云自流溪过翠林,岭中何处御寒侵。

不须终夜劳玄想,竹雨禅钟洗客心。

关于村中的文物古迹,《福州历史文化村落》对之进行过盘点,有鹅山厝、古桥(方门桥)1座、古井1处、古树2株、古庙13座等。[②]那天我走进闽越王庙,庙宇不大,但风景不殊。

村中两旁山峦起伏,有鹅山、凉伞崖等,山中奇景遍布,苍松挺立,古木接天,大祭头瀑布亦为胜景。在鹅山上,可见旭日东升,也可尽收村庄美景。当地人安逸地生活了数百年,那条溪流从村中缓缓穿过,见证了曾经的一切。

半岭村是值得欣赏的,村居是诗意的生活,但只有喜欢它的人才会懂得珍惜。南朝思想家、文学家陶弘景曾作《诏问山中何所有赋诗以答》

[①] 闽侯县博物馆:《朱熹弟子宋代儒学大师北山先生墓被发现》,《海峡都市报》2015年1月14日。

[②] 高锦利:《福州历史文化村落》,福州:海峡文艺出版社,2020年10月版,第77页。

佛地寺

一诗，当时梁武帝萧衍下诏问他：山中有何物，以至于让你不愿出山为官？他以诗答道：

　　山中何所有，岭上多白云。

　　只可自怡悦，不堪持赠君。

此亦正如半岭风光，于喜繁华者而言，它即枯燥；而于爱山水者而言，它就是一方乐地。

·竹岐乡

也读元格村

近年我省兴起福文化研究热潮,出现了很多福文化理论,相关部门和机构编印了许多书籍,举办了丰富多样的福文化活动。但对于老百姓而言,最重要的是家庭美满、子孙平安,晚年能享受一段清福。而对于乡村生活而言,这种清福是春时在嫩绿边闲谈,夏时静看池平如镜之美,秋时一叶枫落,冬日围炉中的一壶香茗。

古树是元格村一大特色景观,在闽侯聚落中少有这样

古树公园

的景色。随年岁增长,古树体型愈发健硕,一棵古树尽达数围。这些不言之物最能体现一方土地的历史年代。村民在古树公园中悠闲聊天,古民居旁的农民慢条斯理地处理农事,生活恬淡、清净。元格村的时光走得很慢,近村满眼青翠,淡淡青草香扑鼻,民居多背山而建,临窗皆景。古树边的"白马王庙"足以寄托村人心事,他们用一颗最真诚的心,燃起一炷清香,祈求平安顺遂。庙宇本身也是景致,那富含中国古典韵味的屋顶,使整个画面富有层次感。在村中古树下不知上演了多少事,尘封"档案"

闽侯村落行记

村中古树

不知何时能拾起。我凝望苍枝,陷入沉思。

熟悉闽侯文史的人可能都知道远济桥,人们或赞叹其建造工艺,或记得它曾作为交通要道上一个重要标志,又或醉心于那篇文采飞扬的跋文。此桥系陈景韶(1855—1922)捐建,他的祖居就在元格村中。陈景韶曾写过一篇文章记录这件事,文章遣词典雅、立意深远,是闽侯不可多得的"桥记"名篇:

"是溪旧无桥,徒涉者数濒于危,壬辰之夏,爰诸君子集议建桥,季秋属役,越癸巳季冬告成,颜之曰远济。远济,云者谓之千里之远,百代之远,无弗盖者二义也。况远方观感更创所未兴者,以转相济远代同志,且仍所已成者。以永相济二义外实又兼二义也。呜呼!士以济天下为己任,苟利于物得为则为之,而岂独一桥哉?一桥其济天下之见端也。任天下事者,苟皆以建桥之心为心,则天下何远而不济哉,然则远济又岂独为建桥言哉!"

格仙境白马尊王庙

陈景韶在光绪元年（1875）中举，光绪二十一年（1895）中式第97名贡士，二十四年中进士。后曾任丹徒县知县等职，光绪二十六年（1900）后，迁任吴淞沙钓船捐局、上海树木捐局总办。宣统元年（1909），朝廷调任其为福建兴化知府，但未赴任。其所著有《明史随笔》《吴中草情》等书，但如今不知下落。

陈景韶的事迹和元格村的报道已有很多，本文仅围绕此题，谈一点关于进士与村落文化发展的关系。

乡村中出现一个进士是可以转变区域生活"格局"的。中国正统文化，如儒家学术，一方面随着书

陈氏祖宅

院、学堂等机构传播而普及乡村，另一方面村落也自有其"文化"或"处世哲学"。村民有自己所崇奉的处世理念，如我们所听到的一些俗语"谁人背后无人说，哪个人前不说人""命里有时终须有，命里无时莫强求""人无横财不富，马无夜草不肥"等，[①] 所传递皆乡村生活处世经验。这些和追求"大我"、以集体利益为旨归的儒家道德相对立。在这种环境下，村落居民强调的是"自我"，正如费孝通所讲，"在一个安居的乡土社会，每个人可以在土地上自食其力地生活时，只在偶然的和临时的非常状态中才感觉到伙伴的需要"，[②] 一个村落诞生出进士，则势必会在某种程度上影响村落居民固有理念，从而也促进儒家文化在乡村的传播。

---

① 龙汉宸等：《增广贤文》，北京：北京燕山出版社，1995年4月版，第19、25、23页。
② 费孝通：《乡土中国》，天津：天津人民出版社，2022年10月版，第50页。

闽侯村落行记

官学教育中,以"四书"为核心的教材文章,是看不到"家家各扫门前雪,何顾他人瓦上霜"这些文字的,也没有这种思想。科举制度的积极一面在于士子通过饱读经书,将所谓的圣贤言语付诸实践,社会也期望通过一系列施为而达到"政清人和"境界。许多儒士在各地为官,必然会影响当地道德观念与村落中的个人理想信念。陈景韶这位进士就是这么做的。应当说他的科考经历与为官廉政事迹成为一种榜样力量,自古及今如此。

以下再说陈景韶之妻。

《孝经》云:"夫孝,始于事亲,中于事君,终于立身。"所以历代朝廷多推崇为官要"移孝于忠",历代留下了很多关于孝行的感人故事,元格村亦有一则。

陈景韶妻子王氏为名门之后,系王有龄孙女,至今村中留有遗迹和故事。其父王见云,咸丰九年(1859)举人,曾任户部郎中、候补知府。《闽侯县志》记载:"王氏,陈景韶妻。父见云,举人,郎中,沾病羸惫。氏年十六,夜祷天,引刀刳左臂肉和药以进,父疾为少间。丁丑,父疾复发,又刲右肱肉,父终不起。年十八归陈。"①

古人有些行为是今人所难理解的,因环境不同、风俗有变,但方志、史书所载大

孝女坊

---

① 闽侯县地方志编纂委员会整理,民国欧阳英修,陈衍:《闽侯县志》卷九十七·列女四(下)·孝义,闽侯县人民政府印,1995年5月,第584页。

抵不违事实。一说她嫁于陈景韶以后，极力侍奉景韶双亲，此事传为美谈。后来被朝廷得知，朝廷便下旨建造孝女牌坊表彰。在当年，此事名传远近。如今屹立于村中的孝女坊，不仅蕴含着文物价值，也深具教育意义——因为它传承着孝文化精神。

元格村里没有大型古建筑，文物古迹也不多，也没有那些世代相承的舞蹈、技艺一类，惟留几分朴野，几分幽静，与许多村庄无异。我以为，元格村之特别，在于村落文化的整合。驻村第一书记王立强对

村中民居

闽侯地方文化颇为熟悉，他征集散落民间的文物，带领村"两委"班子，坚持保护与利用并举，积极修缮并开放村内古建、祠堂，重修孝女坊，挖掘孝道文化内涵，加大力度宣传陈景韶进士事迹……他将村中人文景观串珠成线，设计"孝文化步行道""元格登山观景道"，塑造了闽侯孝道第一村品牌。从那以后，村民便知道自己的村庄"与众不同"。当油坊重新"开张"，当进士匾额被发现，当人们发现这些古树的价值意义……这一件件事情都足以撼动村人心灵。从此，那条村道、那片稻田、那口古井、那处古厝便有了新的意义。

村里那棵枫树，种于万历二十二年（1594），秋季枫叶红时，吸引不少人前来观赏。那天下午我也来到这里，趁一阵凉风，翻开了元格这本"书"。

古枫

鸿尾乡

龍泉寺外說前事

·鸿尾乡

超墘村小记

小村中的生活安逸、祥和。午后,那条长街熙熙攘攘,但街边小店的经营者可能不会太在意村中曾经发生的一切。

比如说,鸿尾中学曾位于我省著名考古发现所在处——黄土仑遗址,它距今3000多年……这无论对超墘村还是对福建历史来说皆为大事,颇振奋人心。那是1974年夏天,鸿尾中学在开辟操场时拉开了这段序幕。后来省博研究人员多次前往调查,前后共清理墓葬19座,出土或采集陶器、石器等文物标本近200件。研究表明,黄土仑遗址当在商代晚期或西周初期;它是福建闽江下游一支受中原青铜文化影响的文化遗存,且具有浓厚地方色彩。但由于缺少展示,村人对它不太了解。

超墘村景

黄土仑遗址一角

村中古民居

村中还有一些散落的"遗珠",有的隐秘到似乎不想让人去揭开它的历史。比方说在一处小溪涧上的龙泉桥,村志记载它是福州地区现存建筑最早的石板桥。桥建于宋代,桥面布满岁月痕迹。一位知情人介绍,这里很早就有寺院,规模甚大,"九落透后"。笔者闻言并不觉得稀奇,因在古代福州"山路逢人半是僧","城里三山千簇寺"。

今所见龙泉寺为新建,环境清幽,这使得靠近它的人心中生起一段

龙泉桥

龙泉寺

古意。龙泉寺,寺名与佛教著名高僧百丈怀海禅师相关,这位禅师所制定的"丛林清规"在中国禅家史上有划时代意义。百丈怀海禅师曾在西山寺(今长乐龙泉寺)出家。村里人说,福建有三座龙泉寺,这里是其中一座。清代埕湾某高僧到此修斋,并欣然遣笔:"修兹龙寺古,不让虎溪新。"语义不知究竟。大殿前廊大柱之楹联甚是直白:

龙盘环山看秀峰对峙;

泉冒寺内奔细涧涓流。

今寺中尚留古迹,一方石碑上书:"宝庆二年丙戌秋,住山继熙造。"一口石井,至今仍在使用。

如同绝大多数的村落一样,村里还有大王庙、临水宫、五显庙等宫庙。这些宫庙寺院是民间信仰的承载地,也是民俗活动中心。对于远方游子而言,也牵系着一片乡愁。

超垱村也不乏古民居。房屋虽然年代不是太久远,却也记录着村落发展历程:从当年起屋上樑,到后来建砖房时村民搬出;从任其风吹雨打无心过问,到对这些即将倾颓的建筑倍加珍视,这至少经历了一个世纪。但有一个建筑是大家始终挂念在心的,那便是宗祠。郑氏宗祠始建于元至顺二年(1331)。在古代,宗祠能起到较好的稳定社会作用,它通过一系列的制度与教化,使村落社会更加安定、和谐,比方说族规家训以及家族先贤的榜样作用。

古井

古碑

闽侯村落行记

村中庙宇

有研究认为:"宋明以前,中国国家形态乃是中央集权制度,亦即一统化的国家直接通过其政治行为对基层社会实行管制与影响。明代以后,国家势力逐步与地方乡族势力结合,通过乡族势力与社会基层加以控制。"① 地方士绅对村落社会有着举足轻重的影响,这一点从古至今都是这样。今超坂村人多数姓郑,关于郑氏的两位祖先颇让村人感到自豪——一位是东汉儒学大师郑玄,一位是南宋状元郑性之,今祠堂中高挂"带草堂"匾额,并供奉郑性之塑像。郑氏后裔为纪念郑玄治学精神,遂以草堂作为郑氏堂号,即"带草堂"。在民国时,该村各厝厅堂门首都挂着一对大灯笼,

郑氏祠堂

---

① 王铭铭:《走在乡土上:人类历史学札记》,《帝国政体与基层社会的转型——读〈明清福建家族组织与社会变迁〉》,北京:中国人民大学出版社,2006年5月版,第47—48页。

·鸿尾乡

竹编工艺品

灯笼上写"理学魁辅""拱极郑",以此纪念郑性之。①

时间跨入现代,又有一批郑氏族人对鸿尾乡甚至对整个闽侯地区工艺美术行业产生影响。

郑书榕(1935—1989),在超墘村是家喻户晓的人物。他所设计的工艺品屡获好评,长期流行于国际市场,其艺术珍品"天坛"更是享誉京城。

1955年,他随郑昌居、郑坤铿参加闽侯县十五区(鸿尾乡)手工业生产合作社的竹器生产小组,为鸿尾等地的农民生产竹器农具和用具。1961年,又到福建省工艺美术实验厂学习。同年,他们成立鸿尾竹编工

---

① 超墘村民委员会:《超墘村志》,2015年6月,内部印刷,第89页。

艺厂。随着行业的发展，竹编工艺产业带动了地方经济。很多村落纷纷效法，郑书榕本人也为闽侯县培养了许多从事竹编技艺的人才。

当竹编工艺品开始打开销路，当它成为鸿尾乡支柱产业，当这项工艺被评为福建省非物质文化遗产……这期间发生的事情，需要被完整地记述。村庄以其特有的工艺品产业优势在闽侯村落中占据一席之地。它的代表性，正如人们所说的："闽侯的竹编工艺行业起源于超墘。论闽侯竹编，无不谈及鸿尾竹编，而'鸿尾竹编'即'超墘竹编'的代名词。"

小箬乡

農人問道望豐田

·小箬乡

大坂村行

提起小箬，福州人可能都会想到小箬礼饼，这是福建东南地区著名的传统糕点，至今在很多地区酒宴、聚会中仍在食用，这道美食也寄托着福州人的记忆。我那天到小箬大坂村，被这里的清逸的景色所吸引。在村中一间靠山面水的房屋坐

大坂山色

下，几杯茶饮入口，山风吹来，顿觉神清气爽。

大坂村深藏在山中，地处闽侯县西北部半山区、闽江下游东岸，东、北均与洋里乡接壤，西与闽清县城隔江相望，南与闽清交界。在一些新闻中，我了解到一些当地情况，比方说村中农户以种植蔬果和养殖金鱼为主。

调研交谈过程中，我感兴趣的是每年正月十五的"大聚会"，地点就在村里"新丰正境"前。节日开始时，村民都会举行民俗活动，包括游神等。有人指出："田野研究的价值在于以琐细、具体的生活事实去体察超离于事实的理论，然而，对于什么是琐细而又具体的生活事实本身，却可能并不是件十分容易认定的事情。"[①] 当知道这民俗活动以后，我马

---

① 吴毅：《乡村旧事——田野研究札记》，北京：商务印书馆，2018年10月版，第197页。

闽侯村落行记

大坂村新丰正境

上联想到福州的闽山庙会。

所谓庙会,是一种传统节日活动形式,其渊源甚早。

福州闽山庙会历时千年,可以说它是福州市民俗文化的典型代表。福州城内外居民每逢春节、元宵、清明、端午、七月半、中秋、重阳等节庆,均聚集闽山庙周围,集中表演各种节目,这些民俗活动一直持续到民国时期。闽山庙会风习相沿成俗,吸引城市及郊区民众观赏或参与,曾是大型"非物质文化遗产"展演中心,庙会社俗活动包括观灯、摆鳌山、舞龙舞狮、迎神、百戏杂剧、抬阁、十番、斗宝、摆塔、妇女"转三桥"等,场面十分热闹。也许在将来的某一天,闽山庙会的全部活动可以在这里进行展示。这无论是对庙会活动的传承,还是对村落旅游项目建设,都是很有意义的。

闽山庙会的起始人是北宋秀州判官卓祐之。

卓祐之(生卒年不详),字长吉,闽县人,"景祐元年甲戌(1034),中张唐卿榜进士"。为官正直廉介,"自谓死当为神"。他没有著作传世,只有《全宋诗》（卷五四四）记其句曰："山色列屏分左右，水声鸣玉绕西东。"历史记载，他为官任满后，挈眷归闽，从江西鹰潭过仙霞岭，乘船沿建溪下剑津溪，经九龙滩时不幸覆舟遇难，举家殁于溪滩。民间传闻，其卒后为神，"屡著灵异"。于是里人就辟其所居以立庙祭祀，而闽山庙会也随着最初的祭祀活动而逐渐发展起来。这个延续了千年的闽山庙会，与大坂村是有紧密关系的。庙会是以闽山庙祭祀活动为核心和基本载体，而一所庙宇活动的延续离不开经济的支撑。这其中很大一部分来源于田产收入。闽山庙的卓氏祭田就位于大坂村上犁，共有十余亩梯田。郭柏苍《乌石山志》"闽山境"条载："……乡人祀之，子孙即其地为家庙。旧本二十四社，通贤、衣锦各社皆由闽山分立。庙有祭田，在小箬上犁，载租四千余斤。康熙五十三年，奉旨免完粮银色米。"①关于这片田地，还有一个故事。据卓氏后裔卓廷富老先生介绍："几百年前大坂的卓姓与邻村某姓因土地纠纷而大动干戈。群殴中，邻村有一人被砍伤致死，对

卓氏祖祠

---

① 郭柏苍：《乌石山志》卷九"志余"。

闽侯村落行记

卓氏祖祠内景

祖祠边的岩石

方将此事告上衙门,当事人被拘押。此事律当抵命,村长老商议后,即派人前往闽山庙卓公祠附近的卓姓宗亲寻求帮助。宗亲听取情况介绍后,认为事出有因,群殴伤人,情有可原,当即拟文申辩,原情减刑。为感激闽山庙卓姓族人的帮助,后经村里各房长老商定,将上犁这片田地作为祭田,所有收入供奉给闽山庙。"

大坂村遍布卓姓,宗族文化是这座村落历史文化的主要组成部分,卓氏祖祠虽在村中,外来人却不易发现。但这确是一处"精神圣地"。我想无论家庙,还是宗祠,或是祖祠,都发挥着构建亲缘与伦理性秩序的功能,是村落中最典型的文化空间。村中的"闽山卓氏祖祠"地方虽不大,但丝毫不影响它肃穆庄严的一面。作为一方历史的有形载体,这座建筑蕴含了一个家族的传统与文化。它不单影响了一代又一代卓氏后裔,其流风余韵也影响着当地的社会风气与生活习俗。这种影响是深远的,后人对祖先的记忆也不会随时间磨灭,无论时光怎么流逝。

祠内有一联云:"邛富夸巨富;太傅谓通儒。"这是说卓氏的两位先祖。一位是春秋战国时期富豪,《史记·货殖列传》记载"蜀卓氏之先,赵人也用铁冶富",这位赵人眼光独到,所以后来他尽享"田池射猎之乐,拟于人君"。下联所言太傅,即指东汉太傅、褒德侯卓茂。

谈起卓氏名人,还有卓文君、卓宏、卓隐之、卓孝复等。

乾隆《福州府志》(卷三十一)载:"永兴二年(305),卓宏(卓氏入闽始祖)任晋安郡太守。"《卓氏族谱》上有其"像赞一则"曰:"闽山卓始祖,宏胄衍八闽。晋安刺史官,文武兼双全。遂眷徙建州,育有六麟儿。官清名节操,名祀首官宦。一方永安宁,千古留芳名。"《卓氏族谱》还记载:"宏公督守福地,适东晋元帝时启运,附翼攀鳞,作新教化,以淑斯民。累立功绩,俱皆被公之德歌,帝嘉其元老旧勋,锡彼节钺,升为江洲都督,赐赠大中大夫。公宽洪大量,仁恕之心,作兴一郡,统御七府,善政化治,泉闽威武,震覆邻郡,故绩著于三山,播风化于四域,功冠天下,名驰于上,显誉于当时,为晋安名宦首祀。"卓宏,字规,乃西河卓裔孙、卓茂(字子康)的十一世苗裔。他曾移居福州乌石山脉余脉闽山小丘(今闽山巷),"自称为闽山卓氏,书房曰仁恕堂"。至此闽山境成为卓氏世居之地,遂有"闽山世家"之称。

我想这也是今天卓氏祖祠大门匾额上所书"闽山"二字的历史内涵之一。

卓氏古民居

闽侯村落行记

卓氏古民居

不久前我受邀参加了福建省博物院"卓孝复廷试策对"文物捐赠仪式。卓孝复（1855—1930），字凌云，又字芝南，号毅斋，晚号巴园老人，闽县人，工书画。光绪二十一年（1895）进士，曾官杭州知府、浙江省巡警局总办等职。其家族后人遍布各地。一部分后人居台湾各地，和当地人民一起为台湾建设作出贡献。关于卓氏人物还有很多可以谈到，且暂搁笔。

调研那天，还有两处地方使我印象深刻。一个是鸡贵仙君殿，一个是卓氏故居。

相传很久以前，永泰白云山的主峰顶上住有徐、赵、薛三位神仙，某日他们踏青游玩，腾云驾雾中忽闻一阵清香，随即就降落在鸡贵山上，他们托梦给当地官员说他们三位看重这块福地，后来就逐渐成为村人祭拜的对象。如今这段神秘的故事仍在当地流传。

村中的21号古厝卓氏故居，属合院式古民居，总占地面积1800多平方，故居屏门、雕花等构件保留完整。这座古厝在翠青之中，透着原始质朴的气息。

· 小箬乡

尚锦村随笔

对于大山，我们总是仰望，但在尚锦村此视觉感受则是"对望"。2019年，该村被国家林业和草原局认定为"第二批国家森林乡村"。

去往尚锦村的路，仿若一条"修仙"之道，因为一路上雾气缭绕，所见景色多清奇。九仙岩算是村中一大景观，这边是眺望风景的绝佳之处，有时在这里也会遇见云海景观。

九仙岩猴王庙始建于明代，现已成为闽侯县一个重要民间信俗活动场所。2013年，它被评为"闽侯县第七批文物保护单位"。庙宇地处海拔730米，四周群峰连绵，林木茂密，从此可以远眺闽江，驻足望江亭中，视野开阔，使人心境澄澈。在古代，官方文化与村落文化呈现出两个不同面貌，好比说民间信仰，它可能在很多时候都是被列为"禁止"范畴的，官方将很多祠庙列入"淫祠"名单中。但那些禁令并未能消减村落中人们信仰诸神的热情，于是在猴王庙中就传留下一个故事：

明孝宗年间，闽江沿线旱情如火，生灵涂炭，大圣慈念苍生，显灵九仙岩棋盘石，普降甘霖，解救黎庶子饿殍于灾荒。之后，百姓感念这份恩泽，就自发于棋盘石上设坛焚香，顶礼供奉齐天大圣。此后来上香者络绎不绝。鉴于供奉处地势狭窄，山高路险，所以在明弘治年间，前人择九仙岩凤冠顶上建造了齐天府殿。史上记录有重修、修缮信息，如"咸丰十年（1860）重修，光绪七年（1881）又重修……"这表明这一民间信仰在不断延续。庙宇南侧有圆首石碑一通，碑额篆刻"大清"二字，落款为嘉庆十九年（1814）。这块石碑记录了当年捐资芳名，也透出了时人的思想与观念。节录碑文片段文字如下："勒碑刻铭所以纪功德也，

闽侯村落行记

九仙岩天王宫雪景

闽侯村落行记

尚锦山色

予无功德可铭,又何姓名可勒焉?……四方乐助,不惮跋涉之劳……更立灯田以祀朝夕……"

村里的古民居,有些还未修缮,散透出原住民的生活气息。这些"大房"中存续着几代人的情感,演绎了很多故事。

本文需要介绍的是印斗古厝。这座古厝建于清咸丰年间,四合院式民居。占地面积1500平方米,悬山顶,穿斗式木构架,门前有大埕和小池塘,门内为轩廊、屏门及天井、两

印斗厝

厢,规模较大,布局严谨,保存也较好。据了解,尚锦第九世孙陈道燕搬至此处,修建了此屋。房屋前有一个山包似印,后面还有一个山包如斗,于是人们就以"印斗"作为房屋的名称。陈道燕文武双全,28岁时考取清廷恩科福建省武试第20名,朝廷封他为武职骑尉。古厝里高悬的"武魁""文魁"牌匾即是这份殊荣的印记。闽侯人对这座古厝并不陌生,2022年,闽侯县融媒体中心《遇见闽侯》栏目也对它进行了报道。

清代碑刻

天王宫

尚锦陈氏宗祠始建于明末，占地590平方米，坐西北向东南，前临清溪秀水，祠前挖有矩形池塘，一字阵旗杆石两武八文，祠高5.3米，面阔五间，进深三间，穿斗式木构架，架悬山顶鹊尾脊，布局及建筑完整。

陈氏祖祠是村中的文化高地，重建时命名为陈氏宗祠。我和当地一个村民在这里闲聊，他告诉我，这个村大部分村民都姓陈。福建有"陈林半天下"之说，想来也并不为奇。一个武举，一个进士，这是这个家族的荣誉。走近祠中，两块匾额抬头可见。

村中还有一些古桥，近年在闽侯县文保单位的重视下也都做了登记，寻访村庄时，即可见到。

村里漫山遍野都是毛竹，竹子有"高节"之性，于是它被列为"四君子"之一，深受广大文人青睐。苏东坡也说道："宁可食无肉，不可居无竹。"还有"竹林七贤"的历史、黄冈竹楼等，这些都成为传颂至今的故事和名篇，也被视为一种"高风雅洁"的象征。但旧有的传统正在不断受到现代社会生活习惯挑战，在居中种竹，或用竹制家具者少之又少，于是竹子就变得很廉价。

苏轼在《赤壁赋》中写道："惟江上之清风，与山间之明月，耳得

陈氏宗祠

陈氏宗祠外景

宗祠前的旗杆石

之而为声,目遇之而成色,取之无禁,用之不竭。是造物者之无尽藏也。"这种感受在城市中很难获得,可能只有到像尚锦村一般的村落才能体会到。那天离开村庄时,我写下一诗,以记录村中所见:

　　升烟飘散处,岩下半人家。

　　近午村声静,溪云没黑鸦。

洋里乡

雲氣化時雨

·洋里乡

梧溪村随笔

梧溪村地处闽侯县洋里乡西北部,自然生态环境无可挑剔。

村周围峰峦挺秀,其峰峦雅名天池山、莲花峰、文笔峰。该村拥有丰富的农产品,有人说这里是"佛手瓜"的海洋,这番景象成为人们对梧溪村的第一

佛手瓜田

印象。漫步村中,放眼而去,一片青翠欲滴,佛手瓜藤蔓遍布山间。诚然,梧溪村瓜果种植事业也为闽侯乡村振兴提供了一份可供借鉴的模板。

村里最密集的景观在村部周围。闽越王庙、余氏宗祠、民宿等皆在这里,新建的小广场成为"观景平台"。这里海拔900多米,毫无夏日闷热之感。雨后雾起脚边,当时,我将感觉写成诗句:

山中生薄雾,层染入家门。

云气化时雨,寒侵老树根。

几座建筑装点了梧溪村景观,它们都经历了漫长岁月。

梧溪村已经走过了很长一段发展历程。虽然过往已难追忆,但每段岁月似乎都能找到一些影迹。梧溪寨故事起源较早,传在南宋时期,安徽抗金名将之女江二娘因不满朝廷腐败统治,揭竿造反。后受挫南逃,带领300多位亲兵踞守梧溪寨3年多。其后是梧溪寨仙公殿,一说创建于宋元

闽侯村落行记

梧溪村村部一带

时期。村落文教的起始点,估计在明代时期,它牵系着梧溪余氏家族史。有资料记载余氏始祖自明永乐元年(1403)由古田县杉洋镇程际村迁居于此。及余氏迁居此处后,文教就在这里慢慢生根发芽,位列古代社会主流的儒学文化在此开始传播。宗祠门口的那些旗杆石是家族荣誉象征,也是文化普及乡村社会的一种证明。后来,余氏族人经营这块地方,直到现在。

村中大王坑的闽越王庙,始建于清代。宗祠与庙宇都是村人集体活动场所,如今它们依然发挥作用,成为连接余氏族人亲情、友情的关系纽带。这里还是"省级革命老区基点村"。当年,很多贫苦农民跟随共产党投身革命,为革命事业作出贡献。梧溪地区地势险要、林木茂密,因此当地组建了游

余氏宗祠

·洋里乡

梧溪山色

闽越王庙

击队。据了解,该村第一批 20 多人参加地下武装,当地诸天宫在革命时期也成为宣传革命的场所。

这些历史为梧溪村注入红色文化,是村落旅游的重要资源之一。

从偏僻山村变成旅游村,并非一蹴而就,而是凝聚了许多人的智慧和心血。不是每一个村庄的过去都可以被清晰勾勒,因为历史文献丢失太多,梧溪村亦如此。今后,倘若开展相关课题研究,定能更好地挖掘其历史价值,从而为村庄文化振兴提供支撑。

自然风光一开始就是绝佳的景观,只是这一点在很早时就被人淡忘。正是因为当代对村落的科学规划,才更改了村落的局面,提升了它的价值。乡村的保护与发展,不应只注重古建文物与文化传承,自然生态保护亦显得格外重要。如何利用好这些资源,将是发展乡村旅游的一个重要条件。如马尾闽安村、仓山阳岐村、林浦村、连江定海村等,提到这些村名,多使人联想到当地古建民居、文物古迹。这样的历史文化名村自有它深厚的文化底蕴。然而,历史与文化是一个民族之魂,

诸天宫

闽侯村落行记

村中民居

但对于人民生活而言，乡村的价值却不仅仅是这些。

除了历史，当代的经营也值记述。比方说国家道路建设、村人对土地合理利用等，否则今天很多人就无缘至此赏玩。正是有了一次细心的"打理"，才使荆棘变成坦途，使艰恶环境变成亮丽风景。或许因为城市生活节奏过快，人们开始向往"晨兴理荒秽，带月荷锄归"的田园生活；或许为琐事所累，于是到此感受一场"空山新雨"的宁静。

梧溪村时有人来，置身其中者，会获得片刻的惬意；梧溪村不乏新闻报道，几帧照片或几段优美文字，记录了这方"桃源仙境"；梧溪村的故事在不断传述，游客们也许会在茶余饭后谈论这片"避暑清凉福地"……

·洋里乡

后坑村笔记

村中一景

后坑村不大,与张际村等为邻。据村书记介绍,村里人口仅四五百人。

从后坑村去雪峰村,一路上风景殊异,于是作《经洋里乡》一诗云:
静地谁隐处,遥渺生层云。
山花自摇落,微雨落纷纷。

去后坑村的目的是去看蛇王宫,这是一个颇具福

龙岩寺

蛇王宫

手持大蛇的神像

建地方特色的民间信俗场所。百越系统的闽越族以蛇为图腾，古时土著民对蛇抱有尊崇、畏惧心理。在一些多山地区崇拜蛇虫风俗仍存，包括这里。村书记告诉我，此前村民在附近多见到蛇，老一辈村民称，有时蛇会进入蛇王宫，村里的人不敢驱逐……蛇王宫壁上曾绘有蛇像图腾壁画，现已不见。据媒体报道，2002年台湾一个蛇王宫"行香团"还曾前来寻根访祖并观摩此图，相关记载见《关于蛇图腾，你知道多少——探秘闽侯洋里龙岩寺》。

洋里蛇王宫始建于明崇祯四年（1631），清乾隆元年（1736）、道光十六年（1836）皆有重修。宫里文物保护牌还记载"脊檩下皮上墨书有'时崇祯四年旧缘首林子祯、罗子忠同募捐鼎建立'"，"乾隆元年岁次丙辰冬吉募缘首……重修"，"道光拾陆年六月吉住持僧熹愿董事王如进……重建"等信息。

这座宫庙一直位于龙岩寺内。龙岩寺始建于明天启元年（1621）。关于龙岩寺，有介绍：当时仙洋村陈姓员外等几位信众，出资修建大雄宝殿；其后仙洋村江姓人士等又修建古佛亭等附属建筑，使龙岩寺初具规模。关于寺院之名，也流传着一个说法：寺址下方曾有大溪，传古时溪中深处有龙蛰伏，故而在仙人指点下，村内信众建造古刹来镇压此龙。又因大溪与庙宇间多陡峭岩石，于是就命名为"龙岩寺"。

笔者认为，这处宫庙的价值之一在于它在闽侯民间信俗中具有典型性。这种宫庙相对而言并不多，在闽侯地区，除了永丰蛇王庙、蕉府行宫，其他鲜见记载。后坑蛇王宫里所祀奉的蟒仙蛇王，乃明末由南平樟湖坂分炉而来。以前，每逢七月初七，村中举行隆重祭祀活动，有时也派人到樟湖坂参加"赛神"活动，后逐渐淡化。《闽侯文史资料》第十一辑中，曾江《闽侯奉祀蛇王三宫庙》一文论述了此事。

关于蛇与闽族，此前文史专家对此有相关研究。例如，卢美松在《闽中稽古》"论闽族和闽方国"一章中就具体讲到，说"闽族的著名信仰是对蛇虫的崇拜"。[1]福州文史专家黄荣春亦梳理相关历史文献，引录如下：

唐司马贞《史记索隐》引用东汉许慎《说文解字》注释"闽"字的本义说："'闽，东南越，蛇种也'。故字从'虫'。闽音'旻'。"宋《太平御览·福州》引用《开元录》曰："闽州，越地，即古东瓯，今建州亦其地，皆蛇种。"明邝露《赤雅》记载：福建"疍民神宫画蛇以祭，自称龙种"。清郁永河《海上纪略》载："凡（福建）海船中，必有一蛇，名曰木龙。"郑祖庚《侯官县乡土志·人类》："疍人……其人皆蛇种。"施鸿保《闽杂记》卷九"蛇簪"记载："福州农妇多带银簪，长五寸许，作昂首之状，插于髻中间，俗名蛇簪。"顾炎武《天下郡国利病书》也称"自古以南蛮为蛇种，观其疍家，神宫蛇像可见"。[2]

闽地"蛇文化"历史悠久。在历史的演进中，蛇逐渐成为闽族神圣标志，这处庙宇也是此历史孑遗。从以上这些信息中，我们也可窥见此信俗对闽人生活产生的广泛影响。

---

[1] 卢美松：《闽中稽古》，厦门：厦门大学出版社，2002年8月版，第11—12页。
[2] 黄荣春：《闽都考古录》，福州：福建人民出版社，2024年6月版，第64—65页。

龙岩寺中仙君殿与观音阁

后坑村一带原有"十二景",只是后世缺乏研究,以至令人罔闻。《侯官县乡土志》记载:"见村、岭上、岭兜、仙洋里,是乡土著罗、江、陈、张四姓,约数十户。由此再入五里,有龙岩峰,中有龙岩寺、古佛亭,更有龙井、龙迹、仙岩、石磬、石鼓、鹰石、喷玉泉、影星潭、苦竹岩、弥勒石、莲花台、笔架石十二景……"

相信今后对村情资料的进一步收集、整理、分析,一定会对闽地蛇崇拜现象研究有所裨益。

廷坪乡

黄昏墙外慢日升火

·廷坪乡

塘里村随笔

好几座"畲式"古民居依山而建,有序排列在溪边。将入夜时,沿岸居民瓦上炊烟升起,游客在此露营,在古厝边品茗,体验山居生活的简淡清雅,感受清凉的山村之风——这里是塘里古村。

塘里古村地处廷坪乡南部地区中心位置,这里是闽侯县为数不多的畲族村之一。近年来,村里的畲族传统元素不断被挖掘,并进行了一些展示。当地村委对接了有关部门,对潜在的景观进行开发,或活化利用古民居。其经营模式大略是将民居改为民宿,同时经营"农家乐",这

塘里村

为当地及周边村蔬菜、家禽及众多农产品打开销路。

村落整体风貌保存较好，细看房屋陈设与构件，给人以质朴之感。这种木质结构的魅力难以言喻。一说村里某古厝始建于明代，但对于很多人来说，古厝的历史年代和其背后的故事似乎并不重要。村里没有新建楼房，这是值得庆幸的。毕竟，这种行为是对古村致命性伤害。

村人致力保护村落，打造乡村特色旅游。在这件事情上，他们作出很多努力。

正如修建道路之举，这不仅方便村民出行，也连接外面，更重要的是这一举措使藏在深山中的村落得以新生。村中古民居群和有着百年历史的木拱廊桥是主体景观。塘里村的现象再次证明对古村落的"开发"不需要"大刀阔斧"，而应注重保护和修护。此外，"塘里溪露营地"和"红旗渠瀑布"景观建设也集聚着村人的智慧和汗水。据了解，当年村人齐心协力，尽己所能，捐资捐物，有的还充当义工，目的皆在于建设这美好家园。所作努力显然得到回报。2020年，塘里村获评省级乡村旅游特色村；2021年，塘里村列入闽侯县乡村振兴试点村；2024年，入选第四批高级版"绿盈乡村""绿盈乡镇"名单。这些荣誉都是社会给予的肯定，

塘里村景

·廷坪乡

也证明相关部门在乡村振兴工作的实绩。近年,村民都陆续回村发展,这处古村的历史一定会无限延长。

塘里村不乏宣传,媒体报道频出,它早已成为福州村落旅游的一张名片。相关报道如《闽侯塘里村:空心村变"宝藏村"》《廷坪山水版"向往的生活"》《去有风的地方"去塘里"》等。在这里,没有所谓世家大族与享誉远近的历史名人。因古来不在交通要地,故它也无一段"过去式"的繁荣。但走近它时,那种旧日岁月的美感随处可见。目之所及,所有增设都是轻描淡写,给人的印象正如浅绛山水一般。

描摹山川景象,使人见之如在目前,这是能文者之事。而潜研地方史者,重在揭开村落历史秘境,以提升其文化内涵。笔者仅就此地发展历程及所见略作记录,以存一页村落发展简况。明代人文地理学家王士性曾言:"吾视天地间一切造化之变,人情物理,悲喜顺逆之遭,无不于吾游寄焉。"古代文人多乐于评述游历所见,故笔者在此也想饶舌一番,虽说人们对此地并不陌生。

从村中走过,溪岸景色美不胜收,那一方水正是点睛之笔,使人顿消几分暑气。因"塘里溪"穿村而过,所以村落也由此得名。那天,笔

闽侯村落行记

者写下一诗：

> 山下柴门对溪竹，四围野树绕农家。
> 黄昏墙外慢升火，几处鸣虫夜煮茶。

此诗记录所见：黄昏时分，村里农家便开始繁忙起来，他们备菜、起火，以供游客晚餐。久违的柴火灶在这里随处可见，远处清风伴竹影摇荡。许多游客至夜未回，想必在此留宿。花草丛中鸣虫之声与游人闲谈之语交杂，皆漫布在这静谧小村中。

大湖乡

從心白露霧隨心過

·大湖乡

雪峰山城访古寺

雪峰山城,我第一次听到这个名字是因"大湖乡村振兴文化旅游项目"。该项目计划以"雪峰文化"为核心,打造高山风景旅游区。目前已完成雪峰一号山地风景道路建设、雪峰一号山地风景道珍山段绿化种植工程、雪峰罗汉台杜鹃补植项目、雪峰寺景观配套提升工程、罗汉台上山道路及瞭望台工程、大湖乡兰田慢生活区工程及沿线文旅配套工程等项目建设。

雪峰崇圣禅寺

笔者认为深入挖掘雪峰寺历史,梳理其中文化,有助于推动雪峰山城建设。雪峰寺,在福州地区颇有名气,这是很多人都知道的。但大家可能不了解这处千年名刹在历史上的地位。1983年,该寺被列为汉族地区佛教全国重点寺院。

这座起始于唐代的寺院,在北宋太平兴国三年(978)时,赐号"雪峰崇圣禅寺"。寺内枯木庵,举国闻名。

中国佛教史上有"北赵州,南雪峰"之说。"北赵州"即河北赵州寺。论雪峰寺在福州寺院中的地位,就连著名的鼓山涌泉寺、怡山西禅寺也是其"法脉"。也因法脉流传,遂成就禅宗"一花五叶"之说:"(禅宗)总曰五宗,而雪峰衍派居其二矣。"[1]

---

[1] 释广霖,谢重光:《新编雪峰志》,北京:宗教文化出版社,2020年10月版,第115页。

闽侯村落行记

今寺院山门牌匾上镌刻着"南方丛林第一",此"第一"既指向当年的创建历史和钟灵毓秀的地理环境,更重要的还在于义存法师对佛法的钻研和传播。有记载说:"雪峰开堂说法,参座下而称弟子者千五百人,宗风之盛,未有踰此者。"广利众生之心和长期沉潜佛学,影响、感染了很多人,也使历史记住了这位唐五代时期的禅门巨匠、六祖慧能大师嫡派、八闽传法之祖的义存禅师。

佛教有不少公案,比如苏东坡与佛印禅师,而让人惊奇的是,相当数量的禅宗公案都和雪峰寺有关。所以单从这点来看,这座寺庙在中国佛教史上亦占据一定地位。

如雪峰寺"寸丝不挂"的故事颇有趣,简要整理如下:

温州玄机尼师,曾在大日山石窟修习禅定。一天她参访雪峰禅师。雪峰问:"你从何处来?"玄机说:"从大日山来。"雪峰探问:"太阳出来了没有?"玄机反戈相击:"如果太阳出来,会把雪峰融化掉。"雪峰笑笑说:"你叫什么?"答:"玄机。"雪峰再问:"既然是玄妙的织布机,每天能织多少布?"玄机自负地说:"寸丝不挂。"说完便行礼告退。才走几步,雪峰突然叫道:"袈裟角拖地了。"玄机听后急忙回头察看,只听雪峰笑道:"好一个寸丝不挂!"

玄机沾沾自喜于"寸丝不挂",殊不知已被这"寸丝不挂"给"挂"住了。回头时,她早已"挂"上万缕千丝。

雪峰村位于大湖乡西北部,东邻岭头村,西接大池村,南毗兰田村,北连廷坪良地村。宋至清属侯官县,清末属大湖区;1945 年,属大湖乡蓝雪保;1948 年,属大湖区大湖乡。雪峰村之名出现较晚。雪峰山山脉绵亘 60 余里,跨闽侯、罗源、古田、闽清四县,与鼓山、旗山三山鼎峙,合称福州"三绝"。早年,雪峰村一带都是寺院田场。在寺院调研时,我听说"一个石球"的故事:据说当时寺院在收田租时,僧人从寺中推石球下山,石头滚到谁家门口,田租就由那家来承担。

关于雪峰村命名，要追溯到闽国时期。雪峰山原名象骨峰，一日闽王问义存："峰有何异？"答："六月尤有积雪。"闽王于是就说："何不名'雪峰'？"于是这个名称就一直传留到现在。当地的农业生产也从此开启。《新编雪峰志》载："雪峰有田，传说自唐代咸通年间蓝文卿施舍始。"① 当年田产的范围，可能是今整个雪峰村。唐以后文人名士多慕名来访，雪峰诗文也名留典册。明代著名藏书家徐㶿曾纂集《雪峰寺志》10卷，想必他没少在这里留宿。因为有雪峰寺，历代文儒名宦也都关注这里，来这里参拜或领略禅宗智慧。如晚唐文学家、诗人黄滔曾作《福州雪峰山故真觉大师碑铭》，他认为这里是"闽越之神秀"，于是摹写雪峰云："山之半顶之上，则先冬而雪，盛夏而寒。其树皆别垂藤萝，芊茸而以为之衣，交错而不呈其形。

雪峰寺中

---

① 释广霖，谢重光：《新编雪峰志》，北京：宗教文化出版社，2020年10月版，第127页。

奇姿异景，不可殚状。虽霍童、武夷，无以加之。"①北宋官员、知福州军州事孙觉说："余来福州二年，恨不得至其山中一瞻其塔，因取画像入城礼焉。"②明代名宦、文学家、医学家胡溁曾作《雪峰崇圣禅寺碑记文》，其中也引远芷禅师语，将雪峰雪景写进文碑记中："盖闽地多燠，冬罕霜雪，惟兹山势接刚风，气候侔于中土，冬常积雪，故名雪峰。"③宋时，还有李纲、李弥逊、刘克庄、戴昺等游历雪峰，并留下诗句。到了明清时代，访雪峰者更是数不胜数，名著者如谢杰、叶向高、曹学佺、陈一元、谢肇淛、林鸿、王恭、林恕、陈省、董应举、魏杰等。雪峰风景让他们留恋、神往、追慕，同时在他们心中，雪峰也是一片净宇。禅僧义存法师的德业、事迹，也在明清文人与释家的不断交流中，越传越远。

那一日在雪峰村中，听了许多介绍，感受了禅意文化，痴迷于雪峰山色，一直入夜，于是写下一诗：

无有分别不二门，参禅何必论晨昏。

从心白雾随山过，清梦醒时留月痕。

今天的雪峰村，还有其他种种值得细细品味与观赏，比如说雪峰的茶。

雪峰山势高峻，水量充沛，十分有利于茶树生长。全村现有茶园3000亩。④早在宋代，文人刘克庄就在《雪峰寺》一诗中写道："虎去有灵知伏弩，僧来叙旧约分茶。"由此可知，在雪峰寺吃茶，自古以来便是极惬意之事。

---

① 同上书，第136页。
② 同上书，第151页。
③ 同上书，第156页。
④《福建茶志》编纂委员会：《福建茶志》，福州：福建科学技术出版社，2023年11月版，第101—102页。

·大湖乡

雪峰雾凇

岭头村笔记

岭头村位于大湖乡北部,东与六锦村相邻,西接雪峰、碾坑为界,南毗东姚,北近廷坪尾桥村。总面积 41291 亩,其中山地 32006 亩、耕地 1612 亩,由岭头、山东、陈九源、蒋厝林等自然村组成。闽侯牛姆山便位于该村,此山最高海拔 1503 米……

这是一段比较官方的村落数据。

使我觉得新奇的是,两百多人散居在大约 4 万亩地的村庄中是一种怎样的感受,或许这种村居生活只有亲历者才能了解。

我国政区变化复杂,王应麟《通鉴地理通释·序》云:"言地理者难于言天,何为其难也?日月星辰之度,终古而不易;郡国山川之名,屡变而无穷。"历史地名会因时而不同。关于岭头的命名未知确指,因这样

岭头村猫山杜鹃花

村名重复率高。经查，福清市、晋安区、长乐区，以及永泰、罗源等地都有"岭头"村名。按照地名命名原则，它总是趋向便利生产和生活一面。我国绝大多数的地名都有其历史，此处也未例外，称其为"岭头"，即表示方位指向。因在村内，以前还有一个地方叫"岭尾"。

走进村中，感觉正像一次郊游，满目青山。村里房屋分布零星，一切都那么寻常。村里的林氏祠堂、张氏祠堂虽规模较小，却丝毫不影响它的地位——对于村人而言，这是极庄重的地方。比方说村人不肯将家中族谱示人，或许我们认为的普通文献资料，在他们心里却是一个神圣的存在。张氏祠堂前的那块岩石，许多人愿意相信那石头关联着"风水"，于是向它寄托许多美好祝愿，祠堂前的旗杆石或许便是一个见证。村中的朱姓人家活动比较热闹。据了解，岭头朱姓宗亲每逢七月，都会向子孙传授仁义道德学说，只是当地这个活动，笔者没有亲历过。

村中有座古民居正在修缮，他们准备以新的展陈内容布置古厝。百年前住在里面的人，应该想不到如今时代的变化。这座古厝也终将会迎来更多访客，而不再是故居主人的远亲近邻。

曾经的那座通向远方的石板桥，现在要颇费劲才能一睹其芳容。桥周围已杂草丛生，丝毫看不出往日的交通痕迹。村庄过往岁月，已经逐渐淡出人们的视野，但这些石质的遗存还会存在很长时间，尽管它已经历好几百年。古桥或许是当地人心中一份慰藉，使人可以追忆昔日时光。近年来，福州有关部门及社会团体等以各个主题为中心，编撰了许多地方史话书籍，留住那些历史，也阐发了其中的文化内涵。但对于村落而言，普遍缺乏系统归纳与整理，遂导致很多旧有的事物湮没无闻，将来可能会消逝无踪。

岭头村的自然环境得天独厚，静谧、朴野、恬淡，几竿萧竹、几株古树、几块木板搭建成的房屋，一切仿若世外桃源。山水有助文思，倘若有人游走其间，领略岭头风光，相信定能呈现佳篇。那些深藏在山中

闽侯村落行记

岭头村高山雾凇

的景观堪称一绝，如猫山伏虎岩杜鹃花，恰似红绸；隐秘在山间的溪流，也是无比清冽；夏夜流萤飞舞，成为很多人心中浪漫的印象；还有冬日那一场落雪，犹如梨花开遍。

2021年，首登央视的伏虎岩杜鹃花海成为《大美中国》一景。单这一处景观，就已接待游客约2万人次。养蜂产蜜、露营等是村中主要收入来源；他们还通过电商等平台，宣传高山茶、山茶油等当地农特产品，这些都是"因地制宜"及利用创新思维所取得的成效。关于村中各种资源应用也在进行，如村里与福建农林大学金山学院共建教育实践基地，与福建省信息职业技术学院开展"村校联动"等，以期持续挖掘岭头村文旅资源潜力。

周末某个清晨，或某个午后，总能看见慕名者身影。岭头村有着优质的生态环境，这是大家所公认的。除了上面提到的，还有山东梯田风光、牛牳山湖中草原、成群的瀑布美景……陈九源村的自然风光应该吸引了不少人，调研那天村书记谈起这个地方时，脸上露出了自豪的表情。

白沙镇

清波漆野意

·白沙镇

大目埕拾遗

　　傍晚，大目埕来了很多人，他们拎着大包小包在这里露营，远离城市喧嚣，享受这里的山水。

　　这里地处闽江北岸，位于白沙镇西南部，原为一片平坦沙

大目埕江景

洲。因为北山脚下有一条小溪形似眼睛，故叫它"大目埕"。但它更早的名称应作"大穆埕"，郑祖庚《侯官县乡土志·地形略》记载："由大穆溪沿江东岸北上三里为大穆埕。"

　　大目埕，旧属侯官二十三都兴致境，古称"大木埕""穆江"。老一辈人对这里并不陌生，因为"大穆埕"这个地名曾写进《进京路引》歌谣中。当时无数进京赶考的学子和商旅都要经过这里。但除了本村人，旧地名已经少有人提起。原有的地名已失去了交通辨识功能，却多了一个文化传承的意义，比如"穆江陈氏"，还有大目埕陈氏宗祠对联中的"泽延穆渚……"

　　商周时代，先民就曾在青蛙山活动，还留下了后山遗址；在大目埕金鸡山还有一段摩崖石刻，落款为宋绍兴五年（1135）。至明代，此地已人烟稠密。当地《南阳陈氏穆江族谱》中记载陈氏先人迁徙的故事：明洪武间（1368—1399），社会动乱不安，沿海寇患不绝，民众四处逃荒。

闽侯村落行记

陈氏祖宅　　　　　　　　　　余氏祖堂

陈师尹少时外出谋生，肩挑海边土产虾米，一日发现这块地方是宜居之地，遂携眷结庐于青蛙山下。大目埕陈氏祖先在这里找到了归宿，后来陈氏族人也在此建立祠堂，作为一个村的文化中心，它一直传承着家族血脉与家族文化。其间发生许多事，不见记载，但至少知道1951年大穆埕小学曾设于祠堂中。后来我又得知，在明嘉靖至万历年间，大穆埕余氏始祖余福端也迁徙到这里，在丁（珍）山脚搭茅屋，养鸭捕为生。清时的余氏家族不知是否设有族塾，但有一位学人曾到大目埕讲学，且在史料中留下记录。

嘉庆二十五年（1820），闽省著名理学家、教育家余潜士来这里讲学。其在著述中写道："庚辰腊月，侯官大穆埕陈氏馆，因处一事，偶有所得，记此。"[1]

余潜士笔耕不辍，善为诗文，也时常记录理学研究心得，并能将所学付诸实践、验之身心。如他说："学者读书，须先思想书中所说何事，果与我身关切否。其言善者，我身能否。恶者，我身有否。将来要何用，现在要何用。如此思之又思，方能蹈厉奋发，方始读得真书，方见得古圣贤面目，读书路径才不错误。"其著作《困学迩言初编》应该是写于大目埕村中。在教馆时，他"随有所得，书以备忘"，于是逐渐写成这本书稿。

---

[1] 余潜士：《余潜士全集》，厦门：厦门大学出版社，2011年4月版，第43页。

· 白沙镇

村落文化兴盛非一蹴而就,它是历史走到一定阶段时百姓文化的自我觉醒,也有赖于福州中心城区文化的辐射,这段路很漫长。但就算是在书院、学宫普及的清代,乡村中一些恶俗还是难以消亡。调研那天我发现一块"溺女示罚碑",为当地张氏所立,落款时间为光绪十八年(1892)。这块石碑背后所隐含的古代社会现象是惨烈而痛心的。

溺女恶俗由来已久,虽官府明令禁止而不绝。万历《福州府志》"陈京"条载:"严禁溺女,所活者以千百计。"短短数字,可证此恶俗的普遍性。此现象在清代愈演愈烈,《福建省例》中亦有对《严禁溺女》记载:

一件严禁溺女恶俗、以全生命事。乾隆二十四年□月□日,奉前巡抚部院吴宪示:照得天地以好生为德,父母以慈爱为本,故杀子孙,律有治罪明文。救人一命,胜造七级浮屠。今人乍见孺子将入于井,皆有怵惕恻隐之心。乃以亲生之女,无端溺毙,何以全无恻隐之心?试观牛虽蠢而犹知舐犊,虎虽猛而未尝食子。人为万物之灵,具有天良,忍心溺女,真禽兽之不如矣。……为此,示仰所属军民人等一体知悉:嗣后尔民当互相劝诫,凡

溺女示罚碑

嫁女者各崇省俭，不得以珠翠绮罗夸耀乡里，并永戒溺女恶习。尔等无子之人，果能誓不溺女，自能一索得男，螽斯衍庆。倘不遵禁令，仍有溺女者，许邻佑亲族人等首报，将溺女之人照故杀子孙律治罪。如系奴婢动手者，即照谋杀家长期亲律治以死罪。如系稳婆致死者，即照谋杀人为从律拟绞。其邻佑亲族人等，知情不首报者，照知情谋害他人不即阻当首告律治罪。各官凛遵毋违等因。

村里存留有好几座古民居，包括陈氏祖宅和余氏祖厝。民间庙宇方面，据文献记载有始建于清乾隆丁卯年（1747）的金牛大王堂（庙）、始建于1929年的车山府（陈六公殿）、始建于1931年的张圣真君殿等。其中，舍人君庙奉祀本村"地头神祇"，村民信仰甚笃，常年香火旺盛。

《闽都别记》载：金舍人，名感生，银舍人名刘聪，为临水陈太后谊子。感生生母系闽清白琏之女，名素娘。他在兜率山与古田临水宫龙源庙之灵通三舍人刘聪大战，被临水陈太后收为谊子，称为金舍人，与刘聪银舍人为兄弟，同保人间孩童。① 据考，各地"舍人庙"所敬之神并不相同。

闽侯文史专家曾江等人对村内相关古厝、文物遗迹进行了调查，并编著《白沙古厝》《如玉白沙》两本书。我想，大目埕村的文化建设可以更进一步，立足当地产业特色与生态环境，使其更加宜居、宜游。当代作家、中国民间文艺家协会主席冯骥才说："古村镇的消失，一方面是以建筑为主体的整体上的瓦解，另一方面是村镇内部历史文化遗存的大量流失。有些村镇虽然表面看风格犹存，但实际上内部遗存残存无多，已成文化的空巢。面对城镇化背景下农村的文化空巢问题，建议重要的古村镇抓紧建立小型博物馆。"我想对于乡村旅游项目建设是有指导意义的。

---

① 详见《闽都别记》第八十四回至第八十五回。

·白沙镇

大目埕村景

村中铁轨

古民居

闽侯村落行记

马坑村随思

一束光照在山间,江面一片浅金黄,山气清爽,像极了深秋。古庙门前闲话家常,或白沙滩上纳晚凉,或在图书馆中悠闲静读,或是在果园旁嗅到阵阵清香……这是马坑村人的生活。

马坑村,不知村名确指什么,但当地人确实围绕这个问题思考过。江边的马坑影剧院,门口有一副嵌字联:

马跃荆川奔千里;

坑水长流汇闽江。

马坑这个地名是历史的遗留,至少在民国时期就已经存在。先说一处已经消失的古厝的故事。古厝名叫"林道厝",民间传说,"福州大

马坑村闽江夕阳红(林岳铿 摄)

·白沙镇

马坑影剧院

鼓楼，马坑大横楼，厝中可跑马。"无论厝中是否真可跑马，这句民谚已反映出该建筑规模之大。只是以此联系马坑之名似乎牵强。我想，马坑会不会和马站、饮马等相关。古代马坑之地水陆交通便捷，它临近白沙村与大濑村，古来舟发白沙驿者难以计数。其实，马坑村曾作"马坑铺"，"邮驿自明代起在此设立马坑铺，配铺兵5人传递公文"。[1] 对福州古驿道历史相当熟悉的"福州走村队"队长林强，曾经在这一带考察过，但并没有发现这里的古道可以跑马的痕迹或相关信息。

村落中潜藏着丰富的历史信息，这些遗留的"碎片"有时可以填补历史空白，或者揭示出某种文化现象。毕竟乡村有其独有的特色文化，有时是不随主流的。田野考察以及民间文献的价值是不可估量的，这正是历史人类学者多乐于到乡间寻珍的重要原因。

调研当天，我发现了一份比较珍贵的史料。那天，闽侯白沙湾图书馆馆长林岳铿指着《如玉白沙》书中的一张插图给我看[2]，说一份文书名为"马坑《卖地契约》"，落款时间为乾隆三十五年（1770）。这是一封关于当年盖龙舟厝的历史资料。龙舟历史悠久，但对龙舟活动的历史及其文化内涵有待挖掘和整理，一些逸闻故事只停留在口耳相传，并未

---

[1] 福州市政协文化文史和学习委员会：《福州古驿道》福州：海峡文艺出版社，2023年12月版，第103页。

[2] 曾江：《如玉白沙》，福州：福建美术出版社，2019年11月版，第279页。

进行相关考证。其原因一方面是缺乏史料，一方面是未专门对存世的龙舟诗歌进行解读。马坑村的这份史料，是一份不可多得的龙舟历史材料，它关联着一段龙舟厝的历史，而这种民风或民情，对福州龙舟历史文化而言，应该不是个例，而是相对普遍的。引部分文字如下：

"立约字林汝光承祖遗下有地壹块，坐产本乡地方，土名鼐里湾水井边。今因通乡公议向光处承出，起盖龙舟厝屋壹座……面言议年各家载船厝地租务灶务钱，每灶钱叁文，轮流福首，正月十五理纳明白，不得欠少如是……"

村落的历史传承中，渊源与脉络有时不甚清晰，就好比说近年来办得比较火热的"采摘节"。

"马坑林氏新厝"建造者林诗平，"长年在家乡种植橄榄、李、柑橘等果树，并在上海、南平及香港等地经营水果生意，赚了不少钱，后便回家乡建造房子"。① 由此看来，马坑村种植橄榄、柑橘等作物已经有好长时间。不知村里人对这位先人的事迹了解多少。现在举办的橄榄采摘节，与其说是近年策划的一个乡村文旅活动，不如说是马坑村人传承的一份"家业"。因为马坑村所出的果蔬产品，古今都很受欢迎。这里的青橄榄不仅本地人十分喜爱，更深受省内外食客青睐，每年都有外地商贩来收购果子。当脐橙、橄榄采摘节开始时，全镇种植大户都摆出自己的产品，吸引众多游客前来，让他们大饱口福。这些事在媒体上都曾报道过，如《闽侯橄榄再次"火"上央视》《一粒青果，让闽侯"红"遍全国》《闽侯"昌"盛，橄榄丰产，小青果造福马坑村》。这些新闻让很多人见识到这处"全国重点农业基地"的日常。

村里文教之地文昌阁的烧纸炉上刻着几个名字，前面几位很熟悉，分别是孔子、朱熹、文昌、魁星。最后一位则比较陌生，叫"林道御史"。

---

① 曾江：《白沙古厝》，福州：海峡文艺出版社，2021 年 11 月版，第 309 页。

·白沙镇

文昌阁

后来得知,林道不仅与文昌阁有关系,马坑泰山府"首创人"也是他。今泰山府中保留一方明代碑刻——《林母陈氏墓铭》,使人联想到明代先民的活动轨迹,更重要的是,其所呈现的历史,于福州而言是鲜见的,甚至是"独一"的。

庙中一方新碑记录林道相关事迹:永乐年间,林道回乡为其母造墓,路过江西龙虎山,在了解泰山神信俗后,便进行"分香",将其带回马坑建庙供奉。

据《林母陈氏墓铭》记载,村中林氏系出福唐(今福清)名门望族,明永乐间,林道官至广东道监察御史。可能出于这些原因,村中建立文昌阁后,人们就将林道的名字镌刻在烧纸炉上,既为了让后人记住并学习林道的事迹,也是为了纪念其母陈氏教子有方。

文昌阁内景　　　　林道御史神像　　　马坑林母陈氏墓志铭

闽侯村落行记

林道不算名人,其政绩也并不突出。可能除了马坑村人以及林道后裔以外,知道他的人不多。但创建泰山府这一举措,在福州乃至整个福建省都是少有的。泰山文化研究者王东峰告诉我,福建省泰山庙从江西龙虎山"分香"的并不多,他在福建全省范围内做泰山庙调研时也只发现这一座。

马坑村不仅有文昌阁,还有白沙湾图书馆和福州军博园。其中,军博园是福建省唯一的综合性军事主题园;白沙湾图书馆是村民自筹资金建立的公益农家书屋,藏书3万多册,免费向公众开放,为当地民众提供了丰富的精神食粮……

马坑村的历史很长,据说,3000多年前就有先民在村西的鸡公山一带活动。村里还有很多可以讲述的故事,站在村中观景台上,我思索着这一切,并作一诗:

风物从台望,江帆过翠峦。

清波添野意,侵透白沙滩。

马坑村泰山府

主要参考书目

（宋）梁克家修纂：《三山志》，福州：海风出版社，2000年。

（明）叶溥、张孟敬纂修：《福州府志》，福州：海风出版社，2001年。

（明）王应山纂：《闽都记》，北京：方志出版社，2002年。

（清）赵尔巽等著：《清史稿》，北京：中华书局，1977年。

（清）徐景熹主修：《福州府志》，福州：海风出版社，2001年。

（清）朱景星修纂：《闽县乡土志·侯官县乡土志》，福州：海风出版社，2001年。

（清）林枫著：《榕城考古略》，福州：海风出版社，2001年。

（清）里人何求纂，陈泽平校注：《闽都别记》，福州：福建人民出版社，2016年。

（清）郭柏苍著：《乌石山志》，福州：海风出版社，2001年。

（民国）欧阳英修、陈衍纂，闽侯县地方志编纂委员会整理：《闽侯县志》，福州：闽侯县人民政府印，1995年。

徐晓望主编：《福建通史》，福州：福建人民出版社，2006年。

高锦利主编：《福州历史文化村落》，福州：海峡文艺出版社，2020年。

闽侯县地方志编纂委员会编：《闽侯县志》，北京：方志出版社，2001年。

闽侯县交通局编志办：《闽侯县交通志》，福州：内部印刷，1994年。

曾江著：《闽侯文物》，福州：福建美术出版社，2002年。

中国人民政治协商会议闽侯县委员会编，曾江、陈晓峰、林展飞著：《闽侯名人故居》，福州：福建美术出版社，2005年。

闽侯政协编，曾江、林展飞著：《闽侯古代桥梁》，福州：福建美术出版社，2008年。

中国人民政治协商会议闽侯县委员会编，林展飞著：《闽侯民俗》，福州：福建美术出版社，2022年。

陈文德编著：《十八重溪旅游指南》，福州：福建人民出版社，1998年。

福州市地方志编纂委员会编：《昙石山文化志》，福州：海潮摄影出版社，2007年。

潘佳琪主编：《樟旗新叙》福州：福建人民出版社，2023年。

曾江著：《翠旗南屿》，福州：海峡文艺出版社，2023年。

曾江著：《如玉白沙》，福州：美术出版社，2019年。

曾江著：《白沙古厝》，福州：海峡文艺出版社，2023年。

释广霖监修，谢重光主纂：《新编雪峰志》，北京：宗教文化出版社，2020年。

林存翔主编：《兰江古今》（续集），福州：内部印刷，2022年。

枕峰村志谱编纂委员会：《枕峰村志谱》，福州：内部印刷，2003年。

超墘村民委员会编：《超墘村志》，福州：内部印刷，2015年。

尧沙唐氏宗祠理事会编：《尧沙晋阳唐氏入闽大事汇编885—2015》，福州：自印集，2016年。

宋室天潢沙堤赵氏西壹社修谱理事会编：《宋室天潢沙堤赵氏西壹社族谱》，福州：内部印刷，2017年。

蔗洲村张氏族谱编纂委员会编：《蔗洲张氏族谱》，福州：自印集，2020年。

厚美村史编纂委员会编：《厚美村史》，福州：内部印刷，2020年。

福州市政协文化文史和学习委员会编：《福州古驿道史话》，福州：海峡文艺出版社，2023年。

福州市政协文化文史和学习委员会、政协福州市台江区委员会编：《福州河口史话》，福州：福建美术出版社，2022年。

张在善、林浩编著：《福建古市镇——闽台古乡间商品市场》，福州：福建地图出版社，2008年。

梁从诫编：《林徽因集》（美术、建筑），北京：人民文学出版社，2015年。

王铭铭著：《走在乡土上》，北京：中国人民大学出版社，2006年。

［美］明恩溥著，陈午晴、唐军译：《中国乡村生活》，北京：中华书局，2006年。

丘宜文著：《从社神到土地公——以平镇地区伯公为中心的考察》，台北：文津出版社有限公司，2010年。

苍铭等著：《古村镇研究》，北京：中央民族大学出版社，2014年。

吴毅著：《乡村旧事——田野研究札记》，北京：商务印书馆，2018年。

胡彬彬著：《中国村落史》，北京：中信出版集团，2021年。

马新著：《中国古代村落文化研究》，北京：商务印书馆，2021年。

费孝通著：《乡土中国》，天津：天津人民出版社，2022年。

钟礼强著：《昙石山文化研究》，长沙：岳麓书社，2005年。

谢木宁、龚张念主编：《船政文物图录》，福州：福建美术出版社，2009年。

卢美松著：《闽中稽古》，厦门：厦门大学出版社，2002年。

董平主编：《中国史前遗址博物馆海风山骨昙石山卷》，西安：陕西科学技术出版社，2018年。

卢美松主编：《福州鳌峰史话》，福州：福建美术出版社，2019年。

福建茶志编纂委员会编：《福建茶志》，福州：福建科学技术出版社，2023年。

福建省文史研究馆整理，余潜士撰：《余潜士全集》，厦门：厦门大学出版社，2011年。

黄荣春编著：《闽都考古录》，福州：福建人民出版社，2024年。